Gestão no serviço social

Kelinês Gomes

EDITORA intersaberes

Conselho editorial
Dr. Ivo José Both (presidente)
Drª Elena Godoy
Dr. Nelson Luís Dias
Dr. Neri dos Santos
Dr. Ulf Gregor Baranow

Editora-chefe
Lindsay Azambuja

Supervisora editorial
Ariadne Nunes Wenger

Analista editorial
Ariel Martins

Preparação de originais
Bruno Gabriel

Projeto gráfico
Laís Galvão dos Santos

Capa
Laís Galvão dos Santos (*design*)
Matej Kastelic/Shutterstock (imagem)

Diagramação
Estúdio Nótua

Dados Internacionais de Catalogação na Publicação (CIP)
(Câmara Brasileira do Livro, SP, Brasil)

Gomes, Kelinês
   Gestão no serviço social/Kelinês Gomes. Curitiba: InterSaberes, 2017. (Série Formação Profissional em Serviço Social)
   Bibliografia.
   ISBN 978-85-5972-424-0
   1. Assistência social – Administração 2. Gestão social 3. Política social – Administração 4. Serviço social – Administração – Estudo e ensino I. Título. II. Série.

17-05292   CDD-361.61

Índices para catálogo sistemático:
1. Gestão no serviço social 361.61

1ª edição, 2017.
Foi feito o depósito legal.

Informamos que é de inteira responsabilidade da autora a emissão de conceitos.

Nenhuma parte desta publicação poderá ser reproduzida por qualquer meio ou forma sem a prévia autorização da Editora InterSaberes.

A violação dos direitos autorais é crime estabelecido na Lei n. 9.610/1998 e punido pelo art. 184 do Código Penal.

Rua Clara Vendramin, 58 ▪ Mossunguê ▪ CEP 81200-170 ▪ Curitiba ▪ PR ▪ Brasil
Fone: (41) 2106-4170 ▪ www.intersaberes.com ▪ editora@editoraintersaberes.com.br

Sumário

Apresentação | 7
Como aproveitar ao máximo este livro | 12

1. **Fundamentos da gestão | 17**
   1.1 Compreendendo a gestão | 19
   1.2 Níveis de gestão | 23
   1.3 Planejamento | 26
   1.4 Organização | 35
   1.5 Direção | 36
   1.6 Controle | 37

2. **Gestão privada | 47**
   2.1 Teorias administrativas | 51
   2.2 Teoria humanística | 59
   2.3 Teoria das relações humanas | 60
   2.4 Teoria comportamental | 69
   2.5 Teoria do desenvolvimento organizacional | 72
   2.6 Abordagem sistêmica da administração | 74
   2.7 Teoria contingencial | 76
   2.8 Teoria da qualidade total | 77
   2.9 Responsabilidade social | 81

3. Gestão pública | 89
   3.1 Gestão pública e suas características no Brasil | 92
   3.2 Orçamento público | 97
   3.3 Planejamento | 100
   3.4 Gestão orçamentária | 104
   3.5 Orçamento participativo | 105
   3.6 Gestão fiscal responsável | 106

4. Gestão social | 113
   4.1 Gestão social: um conceito em debate | 115
   4.2 Gestão social emergente | 125

5. Gestão das políticas públicas | 143
   5.1 Modelos de gestão das políticas públicas | 146
   5.2 Gestão no Estado de bem-estar (Welfare State) | 153
   5.3 Gestão da política pública social no neoliberalismo | 160

6. Gestão e os conselhos de direito | 179
   6.1 Controle social | 181
   6.2 Constituição dos conselhos ante a legislação: o exemplo da assistência social | 187
   6.3 Poder local, atores e processos sociais | 195

Estudo de caso | 203
Para concluir... | 205
Referências | 207
Respostas | 223
Sobre a autora | 229

Apresentação

Quando tratamos da gestão em serviço social, é importante, como base, pensarmos e contextualizarmos a formação profissional, pois é do princípio de formação que nasce o gestor. Para isso, partimos da década de 1990, quando foi promulgada a Lei de Diretrizes e Bases da Educação Nacional (LDBEN) – Lei n. 9.394, de 20 de dezembro de (Brasil, 1996) –, que passou a oportunizar, entre outros, a normatização e a definição de diretrizes gerais para o curso de serviço social. Desde então, a flexibilidade e a descentralização do ensino adquiriram maior relevância, numa perspectiva de acompanhar as transformações sociais, das ciências e das tecnologias contemporâneas.

A efetivação da formação profissional passou a nos remeter, então, a um conjunto de conhecimentos que balizam a intervenção profissional nos processos sociais. Tratam-se de três núcleos que congregam os conteúdos necessários para a efetivação do processo de trabalho do assistente social:

1. núcleo de fundamentos teórico-metodológicos da vida social;
2. núcleo de formação sócio-histórica da sociedade brasileira;
3. núcleo de fundamentos do trabalho profissional.

Nesse sentido, o estudo da Gestão em Serviço Social é um elemento-base no que diz respeito às teorias e aos modelos gerenciais na organização do trabalho e nas políticas sociais e, além disso, tem forte relevância para órgãos da Administração Pública, empresas e organizações da sociedade civil (Abess, 1997), uma vez que o assistente social é o profissional que trabalha com as políticas sociais de corte público ou privado, como aponta Iamamoto (2003).

Levando isso em conta, esta obra é direcionada primeiramente ao aluno de serviço social, que necessita transitar entre várias fontes teóricas para compor seu aprendizado na direção de sua formação, pois esse profissional precisa desenvolver a aquisição de conhecimentos que possam subsidiar sua prática de forma competente e criativa. Mas, além disso, este livro pode servir como fonte teórica para qualquer profissional que esteja interessado em entender melhor essa área do conhecimento.

Para abranger esses dois tipos de público, fomos além da mera organização de um sistema de conteúdos. Trabalhamos no sentido de instigar a leitura dos temas relacionados à gestão e ao serviço social como se fossem processos independentes. Sendo assim, e para atender aos nossos propósitos, esta obra está organizada em seis capítulos, que podem ser lidos isoladamente ou num contexto geral.

No **Capítulo 1**, apresentamos conteúdos relacionados à gestão, inserindo conceitos e níveis de atuação, bem como o planejamento e suas dimensões. Além disso, vamos abordar cada um dos processos de gestão, como a organização, a direção e o controle.

No **Capítulo 2**, falamos sobre a temática relacionada à gestão privada e às principais teorias que compõem esse universo. Nesse momento, abordaremos, de maneira mais aprofundada ou menos aprofundada, de acordo com os propósitos desta obra, as teorias humanística, das relações humanas, comportamental, do desenvolvimento organizacional, da abordagem sistêmica da administração, contingencial, da qualidade total e da responsabilidade social. É importante ressaltar que, contemporaneamente, são essas teorias que compõem as práticas nas empresas privadas, além dos estudos na área da administração.

No **Capítulo 3**, abordaremos a gestão pública, pela qual a sociedade pode ter a visibilidade sobre as ações governamentais. Para isso, apresentaremos conceitos importantes, como o orçamento público, o orçamento base zero, a gestão orçamentária e o orçamento participativo. Veremos também aspectos relevantes do planejamento, por meio dos planos e das leis orçamentárias, além do orçamento participativo e da gestão fiscal, norma que deve ser cumprida nas três esferas de governo.

No **Capítulo 4**, focaremos na gestão social, que se constitui como um dos grandes espaços de exercício profissional do assistente social. Estudaremos esse espaço de modo a compreendê-lo para além da filantropia e destacaremos o conceito de *gestão social*, dando ênfase a elementos emergentes dessa prática, como a economia solidária. Abordaremos, ainda, as tecnologias sociais como formas de atacar as mazelas sociais.

No **Capítulo 5**, encarregamo-nos de mostrar a gestão das políticas públicas, abordando o modelo de gestão pública nas políticas. Para isso, falaremos sobre as formas de gestão como incrementalismo, *gabben can*, coalizão de defesa, arenas sociais, equilíbrio interrompido, novo gerencialismo público e ajuste fiscal. Na sequência do capítulo, apresentaremos a gestão no Estado de bem-estar (*Walfare State*) e a gestão da política pública de assistência no neoliberalismo.

Para finalizar, apresentaremos no **Capítulo 6** os conselhos de direitos e a esfera de participação democrática. Além disso, vamos considerar o papel do assistente social nos conselhos, uma vez que a profissão compõe cada vez mais esses espaços consultivos e deliberativos. Fechamos o capítulo estudando a legislação social e considerando o poder local e os atores sociais que compõem essa dinâmica.

Sabemos que o conhecimento e, consequentemente, o aprendizado se processam por intermédio dos nossos sentidos. Assim, ao entrar nas páginas deste livro, você terá contato com a administração e a gestão e, num primeiro momento, pode ser que surjam dúvidas em relação à inserção desses temas na formação do profissional. No entanto, é importante lembrar que, inquestionavelmente, a gestão em serviço social se constitui em um dos pilares da formação profissional da área, afinal, é por meio dela que se torna possível compreender que, na contemporaneidade e com o movimento da sociedade capitalista, o assistente social está inserido em espaços sócio-ocupacionais que exigem aprimoramento e qualificação profissional.

Desse modo, convidamos à leitura deste livro todos aqueles que possam transitar nos conteúdos da gestão. Aqui serão encontrados os elementos necessários para o desenvolvimento do processo de trabalho, de forma crítica e propositiva, levando em conta a análise das instâncias sociais e da realidade social na qual esses elementos irão se inserir. Temos certeza de que elas serão requisitadas na gestão de políticas, programas e projetos sociais.

Como aproveitar ao máximo este livro

Este livro traz alguns recursos que visam enriquecer seu aprendizado, facilitar a compreensão dos conteúdos e tornar a leitura mais dinâmica. São ferramentas projetadas de acordo com a natureza dos temas que vamos examinar. Veja a seguir como esses recursos se encontram distribuídos no decorrer desta obra.

Conteúdos do capítulo:
- Bases teóricas da gestão e sua inserção nas áreas do conhecimento.
- Níveis de gestão.
- Conceito, funções e tipos de planejamento.
- Organização.
- Direção e suas funções dentro da gestão.
- Controle e suas funções dentro da gestão.
- Fases do controle.

Após o estudo deste capítulo, você será capaz de:
1. entender o conceito de gestão e sua função na sociedade;
2. identificar o processo de gestão que vem balizando as ações das organizações sociais;
3. indicar os níveis da gestão;
4. reconhecer o planejamento como processo fundamental da gestão e apontar os tipos de planejamento;
5. perceber a organização como segundo pilar da gestão;
6. compreender a direção e sua finalidade no estímulo das pessoas dentro de suas atividades;
7. entender o controle como a ação de acompanhar, de forma comparativa, o que é estabelecido no planejamento;
8. elencar as fases do controle.

Conteúdos do capítulo

Logo na abertura do capítulo, você fica conhecendo os conteúdos que nele serão abordados.

Após o estudo deste capítulo, você será capaz de:

Você também é informado a respeito das competências que irá desenvolver e dos conhecimentos que irá adquirir com o estudo do capítulo.

para o controle das ações desempenhadas e são fundamentais no exercício da gestão.

Síntese

Neste capítulo, pontuamos questões relevantes que, de acordo com o nosso entendimento, são imprescindíveis para a formação profissional do assistente social, tendo como foco a gestão, que vem evidenciar os fundamentos da formação profissional. Para tanto, não apontamos um caminho específico para se pensar em gestão, mas direções para iniciar os estudos dessa área.

Conforme evidenciamos, *gestão* é uma palavra que vem do latim *gestione* – ato de gerir, gerência, administração. Porém, não se trata de uma definição unívoca, mas de um conceito que transita entre diversas áreas do saber, perpassando a administração e a ciência política. Ela está presente em toda organização.

Assim como o termo *administração*, podemos fazer referência ao sentido literal da palavra, que vem do latim *administratione* (direção ou gerência). *Ad* significa "direção, tendência para", enquanto *minister* quer dizer "subordinação ou obediência". Dessa forma, *gestão* e *administração* nos levam à ação de gerenciamento, que não pode ser efetuada sem um planejamento, o qual, segundo Baptista (2007), é o conjunto de reflexões e proposições que embasam a intervenção.

Tomando esses conceitos por base, apresentamos os níveis da gestão; o conceito de planejamento, suas funções, subdivisões e história dentro da assistência social; a organização e os pilares *direção* e *controle*, com suas funções dentro da gestão; e, por fim, as fases do controle.

Ao longo deste capítulo, você com certeza concluiu que o assistente social deve estar sempre atento às transformações societárias contemporâneas, o que impõem ao profissional formas polivalentes no exercício da profissão. Como salienta Neto (1996, citado por Amaral; Cesar, 2009), as transformações vivenciadas nas empresas capitalistas são determinadas pela mundialização, pela transnacionalização e pela financeirização do capital,

Síntese

Você dispõe, ao final do capítulo, de uma síntese que traz os principais conceitos nele abordados.

alterando também a cultura profissional, o que incide nas suas áreas de intervenção, nos seus suportes de conhecimento e nas suas funcionalidades.

Questões para revisão

1. Sobre o conceito de gestão apresentado neste capítulo, marque as alternativas a seguir como verdadeiras (V) ou falsas (F):
   ( ) Está diretamente associado às teorias econômicas, mas nem sempre vinculado à gerência e à função organizacional.
   ( ) Trata-se de um conceito unívoco, abordado por todas as ciências, mas que não abrange os conflitos organizacionais, que também são perpassados pelas organizações públicas.
   ( ) Está ligado ao ato de gerir (gerência, administração). Não se trata de uma definição unívoca, mas de um conceito que transita entre diversas áreas dos saberes, perpassando a administração e a ciência política.
   ( ) Tem o mesmo significado de *administração*. Assim, gerir e administrar têm relação com o controle das ações propostas, envolvendo pessoas, empresa, produtos, serviços, clientes e usuários.

   Agora, assinale a alternativa que corresponde à sequência correta:
   a) F, F, F, V.
   b) F, V, V, V.
   c) F, F, V, V.
   d) F, F, V, F.

2. Sabemos que os níveis de gestão são divididos basicamente em nível micro e nível macro. Sobre esses níveis e suas implicações, marque as alternativas a seguir como verdadeiras (V) ou falsas (F):
   ( ) De modo geral, podemos dizer que nenhuma organização pode estabelecer sua gestão com base apenas no nível micro, ou seja, o nível macro também deve ser levado em consideração.

Questões para revisão

Com estas atividades, você tem a possibilidade de rever os principais conceitos analisados. Ao final do livro, a autora disponibiliza as respostas às questões, a fim de que você possa verificar como está sua aprendizagem.

orienta os redirecionamentos que se fizerem necessários e inclui o cumprimento das realizações, resultados ou produtos obtidos em função das metas prioritárias estabelecidas no Instituto de Promoção da Assistência Social (PAS) e a aplicação dos recursos.

Agora, assinale a alternativa que corresponde à sequência correta:
a) V, F, V, V.
b) V, F, F, V.
c) V, V, F, V.
d) V, F, V, F.

Questão para reflexão

Durante o capítulo, ao abordar A Grande Depressão americana (que teve consequências no mundo todo), afirmamos que essa crise devastou os EUA, gerando milhares de desempregados, levando empresas à falência e gerando redução nos campos mercantis e agrícolas. Em todo mundo, o *crash* americano fez surgir um vínculo entre o Estado e o universo das relações econômicas. Logo, afirmamos que, dadas as condições econômicas do país e o número crescente de pessoas pobres, medidas de intervenção do Estado se fizeram necessárias para o enfrentamento das dificuldades que todos atravessavam, fazendo surgir uma Nova Política. Por meio dela, o Estado passou a intervir na economia em prol do crescimento.

Considerando seus conhecimentos da área social e dos direitos do cidadão, e tomando o exemplo da depressão americana, você considera que uma assistência maior do Estado deve, de fato, vir para os cidadãos em momentos de crise? Ou poderíamos considerar que justamente nesses momentos o Estado estaria resguardado a cortar benefícios? Explique sua resposta.

Questões para reflexão

Nesta seção, a proposta é levá-lo a refletir criticamente sobre alguns assuntos e a trocar ideias e experiências com seus pares.

Para saber mais

Você pode consultar as obras indicadas nesta seção para aprofundar sua aprendizagem.

Para saber mais

KWASNICKA, E. L. **Teoria geral da administração**: uma síntese. 3. ed. São Paulo, Atlas, 2003.
Nessa obra, Eunice Lacava Kwasnicka aborda a evolução histórica da administração, mostrando e exemplificando como os conceitos dessa ciência foram substituídos ao longo dos anos. Além disso, a autora aponta os fatores que favoreceram essas mudanças. No livro, essa abordagem ocorre por meio do estudo da evolução histórica dos povos e suas tecnologias e conceitos e pela abordagem de campos específicos da administração.

Estudo de caso[1]

A fábrica de sapatos Passo Certo, situada em um pequeno município do interior do Estado do Rio Grande do Sul, decidiu implantar políticas de responsabilidade social. Dessa forma, a assistente social responsável pela fábrica de sapatos procurou o Centro de Referência de Assistência Social (Cras) da região, a fim de verificar que políticas poderiam ser implantadas pela fábrica em benefício da comunidade. Em conjunto, a fábrica e o Cras estão fazendo um levantamento dos recursos socioassistenciais da região.

É válido ressaltar que, como se trata de um município pequeno, estão começando a implantar o Cras e a proteção social básica, logo, todos os recursos, nesse sentido, são muito recentes. O Cras em questão foi fruto de um orçamento participativo

---

[1] Esse é um estudo de caso fictício, criado pela autora desta obra com a finalidade de exemplificar, em modelos práticos, os conteúdos aqui abordados.

Estudo de caso

Esta seção traz ao seu conhecimento situações que vão aproximar os conteúdos estudados de sua prática profissional.

CAPÍTULO 1

Fundamentos da gestão

Conteúdos do capítulo:

- Bases teóricas da gestão e sua inserção nas áreas do conhecimento.
- Níveis de gestão.
- Conceito, funções e tipos de planejamento.
- Organização.
- Direção e suas funções dentro da gestão.
- Controle e suas funções dentro da gestão.
- Fases do controle.

Após o estudo deste capítulo, você será capaz de:

1. entender o conceito de gestão e sua função na sociedade;
2. identificar o processo de gestão que vem balizando as ações das organizações sociais;
3. indicar os níveis da gestão;
4. reconhecer o planejamento como processo fundamental da gestão e apontar os tipos de planejamento;
5. perceber a organização como segundo pilar da gestão;
6. compreender a direção e sua finalidade no estímulo das pessoas dentro de suas atividades;
7. entender o controle como a ação de acompanhar, de forma comparativa, o que é estabelecido no planejamento;
8. elencar as fases do controle.

Quando falamos sobre o tema *gestão* relacionado à área social, devemos primeiramente refletir acerca dos desafios que enfrentamos contemporaneamente, já que vivemos num mundo de constantes e profundas transformações sociais. Isso vale para os movimentos de produção e reprodução da vida social, gerados por mudanças em diferentes esferas da sociedade. Nesse sentido, podemos incluir nesse âmbito de transformações a esfera do trabalho, que passa por constantes reestruturações produtivas, além da instabilidade do mercado e o desenvolvimento tecnológico e informacional.

Em decorrência desses fatores, aparecem diferentes formas de precarização do trabalho, como os empregos temporários e parciais, que influenciam diretamente na esfera social, associados ao retraimento do Estado em relação aos gastos sociais, o que, por sua vez, recai diretamente na relação de efetivação de políticas sociais e de expansão dos diretos dos cidadãos e trabalhadores, atingindo diretamente o enfrentamento da questão social.

Dessa forma, as organizações se inserem nos contextos social, político, econômico e cultural, e precisam estar atentas a esse movimento societário, no sentido de compreender as mutações societárias da atualidade. Para isso, as formas de gestão devem agregar um capital social que produz dinâmicas de solidariedade e sinergias, conforme pontua Rosangela Nair de Carvalho Barbosa (2004). Além disso, é preciso que essas formas de gestão incorporem preceitos da administração – como conceitos, técnicas e instrumentos mais relevantes –, de forma a ir além da mera interpretação de fatos, com mais efetividade nas ações sociais e mais embasamento para o assistente social.

1.1 Compreendendo a gestão

Derivada do latim *gestione* (ato de gerir, gerência, administração), a palavra *gestão* não se trata de uma definição unívoca, mas de um conceito que transita entre diversas áreas dos saberes, perpassando entre a administração e a ciência política. No campo da administração, encontraremos o conceito de gestão vinculado à gerência e à função organizacional. Na ciência política, no entanto, a definição se liga à Administração Pública, congregando a dimensão política com a discussão do poder e sua legitimidade; dessa forma, engloba os conflitos organizacionais, que também são perpassados pelas organizações públicas.

Embora não haja um conceito universal para o termo, há a teoria clássica de Henry Fayol (citado por Chiavenato, 2003), descrita por meio de quatro processos da função administrativa: **planejamento, organização, direção** e **controle**. Segundo o autor, esses processos são fundamentais para se atingir os objetivos previamente definidos – motivo pelo qual os analisaremos detalhadamente nos itens a seguir.

Antes, contudo, é importante sabermos que *gestão*[1] tem o mesmo significado de *administração*. Assim, *gerir* e *administrar* têm relação com o controle das ações propostas, envolvendo pessoas, empresa, produtos, serviços, clientes e usuários.

Essa definição é importante para a apresentação que faremos a partir de agora sobre alguns dos conceitos de grande importância para embasar a gestão como processo de formação e exercício profissional do assistente social.

1.1.1 Conceitos dentro da administração

Se pensarmos no termo *administração*, podemos fazer referência ao sentido literal da palavra, que vem do latim *administratione*

---

1 É interessante mencionar que estamos fazendo essa definição com base nos estudos referentes à área do conhecimento específica que abordamos nesta obra.

(direção ou gerência). *Ad* significa "direção, tendência para", enquanto *minister* quer dizer "subordinação ou obediência". De acordo com o dicionário eletrônico Houaiss, *administração* é: "1. ato, processo ou efeito de administrar; 2. governo ou gerência de negócios públicos ou particulares; 2.1. modo como se rege, governa, gere tais negócios; 3. a direção de um estabelecimento público ou particular" (Houaiss; Villar; Franco, 2001).

Tenório (2006) salienta que só entendemos a importância da administração quando compreendemos que os seres humanos só se associam para atingir objetivos em comum. Foi assim que se criaram as organizações, no intuito de facilitar e juntar esforços no desenvolvimento de determinados objetivos.

Djalma de Oliveira (2009, p. 3) aponta a administração como

> o sistema estruturado que consolida um conjunto de princípios, processos e funções para alavancar o processo de planejamento de situações futuras desejadas e seu posterior controle e avaliação da eficiência, eficácia e efetividade, bem como a organização e a direção dos recursos alocados.

Para que as ações das organizações tenham real efetividade, não basta congregar pessoas e recursos (Tenório, 2006), é preciso haver um processo de gerenciamento entre as partes envolvidas. Por isso, Oliveira (2009) indica um sistema no qual todas as partes têm consciência da importância do seu papel no desenvolvimento do processo. Assim, a administração deve estar presente em todas as organizações, seja qual for o seu papel social ou o seu fim. Isso faz com que independa se o fim é o capital ou mesmo se um impacto social deve estar regido pelos preceitos de gestão, planejando, desenvolvendo e executando as ações com eficiência, eficácia e efetividade.

Neste momento, aliás, é importante destacarmos os conceitos de eficiência, eficácia e efetividade para consolidarmos a compreensão da gestão. Buscamos tais referências nos aportes de Tenório (2006), que conceitua:

- **Eficiência**: É a melhor forma de fazer algo com recursos disponíveis.
- **Eficácia**: É fazer o que deve ser feito, isto é, cumprir o objetivo determinado.
- **Efetividade**: É a capacidade de atender às expectativas da sociedade.

Esses conceitos não são utilizados indiscriminadamente na organização. Eles fazem parte do processo de gestão e devem ser planejados como toda ação, pois só assim poderá haver comparação entre o que foi pensado e o que foi executado, possibilitando que posteriormente exista uma avaliação do que não saiu conforme o previsto.

Na efetivação da gestão, devem ser levados em conta os pilares descritos por Fayol (citado por Tenório, 2006) como funções gerenciais. Eles são de suma importância para o trabalho do gerente – que pode ser um dirigente, um chefe, um coordenador ou um supervisor –, pois é por meio desses pilares que o gestor dispõe de elementos para garantir a sobrevivência da organização. É preciso levar em conta, ainda, que eles são ciclos interdependentes e complementares que impulsionam a divisão do trabalho. Vejamos o esquema a seguir.

Figura 1.1 – Funções gerenciais da administração

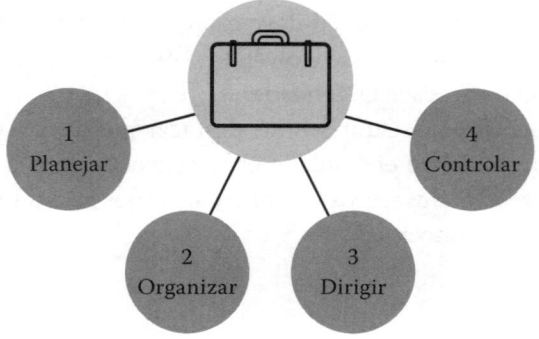

Esse é o processo pelo qual se pensa a respeito de um assunto, tornando explícitos os objetivos, as metas e as estratégias necessárias para uma determinada ação cumprir seu ciclo de duração.

1.2 Níveis de gestão

As organizações desenvolvem suas ações baseadas em dois níveis de gestão:

1. **Nível micro**: Processa-se no interior da organização e diz respeito às questões cotidianas e particulares de seu funcionamento interno.
2. **Nível macro**: Abrange um contexto mais amplo, que deve levar em conta as ações locais, mas também o contexto social, político e econômico do país.

De modo geral, podemos dizer que nenhuma organização pode estabelecer sua gestão com base apenas no contexto institucional – ou seja, deve ser levado em consideração o contexto mais amplo da sociedade, acompanhando as mudanças intersetoriais existentes nos processos produtivos. É importante lembrarmos ainda que, no contexto atual do mundo globalizado, qualquer ação organizacional pode ter consequências a níveis mundiais.

Nesse sentido, a crise do capital e a mundialização financeira deixam refrações no Brasil, conforme afirma Iamamoto (2007). Elas impulsionam a generalização das relações mercantis às mais recônditas esferas da dimensão da vida social, que afetam transversalmente a divisão do trabalho, as relações entre as classes e a organização da produção e da distribuição de bens e serviços.

Isso faz com que cresçam as desigualdades e o contingente de trabalhadores em processo de pauperização, situação que também gera novas demandas. Assim, novas necessidades se apresentam aos profissionais assistentes sociais, que devem estar atentos e munidos de conhecimentos para desenvolver seu trabalho numa perspectiva de emancipação social, promovendo as competências gerais e específicas da profissão.

É importante mencionar, ainda, que, para o desenvolvimento de competências na ação profissional, é preciso levar em conta um processo interno das atividades de gestão, que vão desde processar uma informação no exercício profissional até o cuidado com a própria carreira. Isso fica mais evidente ao observarmos a lista a seguir, que contém as principais atividades do gestor:

- processar informações;
- representar interesses;
- administrar recursos humanos e materiais;
- cuidar da própria carreira;
- tomar decisões.

O gestor é uma figura muito importante dentro da organização, pois é quem irá repassar metas a serem atingidas, mostrando caminhos e motivando os envolvidos nesse sentido. Para isso, são necessárias habilidades interpessoais no intuito de ultrapassar barreiras e dificuldades existentes no processo organizacional.

A compreensão do ato de gerenciar passa por três níveis hierárquicos de decisão, de acordo com os referenciais de Tenório (2006), chamados de *estratégico, tático* e *operacional,* conforme podemos analisar na Figura 1.2.

Figura 1.2 – Níveis de decisão do gestor

Fonte: Elaborado com base em Tenório, 2007.

Na ponta da pirâmide, encontramos o nível **estratégico**, no qual são definidos os objetivos e a finalidade da ação. Devemos levar em conta, também, o tempo previsto para sua execução. Nesse nível, a decisão ocorre em instâncias maiores, como as dos diretores, dirigentes e conselheiros. É importante que eles percebam a organização como um todo, analisando cada parte envolvida, como clientes/usuários, fornecedores, financiadores etc.

No meio da pirâmide, encontramos o nível **tático**, aquele em que são realizadas as tomadas de decisão a respeito de cada parte da instituição, desde a produção até os recursos e as metas a serem desenvolvidos. Nesse nível, as decisões ficam com os diretores e coordenadores, sendo que cada um deve ver o objetivo e a finalidade específica de sua unidade.

Já na base da pirâmide está o nível **operacional**, no qual são realizadas as atividades que irão dar conta dos objetivos propostos. Os envolvidos são as pessoas diretamente ligadas à produção ou aos serviços. Nessa etapa, aparecem questões relacionadas ao cotidiano da organização, motivo pelo qual, em alguns casos, são os próprios empregados que tomam as decisões necessárias para o desenvolvimento da tarefa.

Resumindo, o gerenciamento perpassa por um processo que reúne elementos que possam desenvolver um trabalho levando em conta a finalidade e os objetivos organizacionais. Mas ele também inclui a organização de estratégias de mediação que possam propor alternativas, além da negociação do atendimento de necessidades fundamentais à reprodução da força de trabalho.

1.3 Planejamento

Para darmos continuidade ao nosso estudo, precisamos salientar que qualquer gerenciamento tem início com um bom planejamento. Nesse contexto, observamos que aquilo que achamos ser algo inerente a uma organização está presente no nosso dia a dia. É o caso dos pequenos atos que realizamos para dar conta de situações cotidianas, como a escolha de um simples trajeto para chegar a uma clínica médica, por exemplo. Ao nos deparamos com essa situação, vamos pensando em que caminho pegar, dependendo da hora, o que encontraremos pelo trajeto, onde vamos estacionar o carro, se há estacionamento ou se teremos de percorrer quadras para conseguir um espaço. Essa simples associação de pensamentos é o ato de planejar, ou seja, fazer escolhas sobre acontecimentos futuros.

O **planejamento** é, portanto, o primeiro dos quatro pilares da gestão (abordaremos os demais nos próximos tópicos).

O termo *planejamento*, segundo Baptista (2007, p. 13),

> é a seleção de atividades necessárias para atender a questões determinadas, levando em conta os condicionantes impostos a cada caso (recursos, prazos e outros); [...] os caminhos a serem percorridos pela ação e as providências necessárias à sua adoção, ao acompanhamento da execução, ao controle, à avaliação e à redefinição da ação.

Para Gandin (2001), o planejamento é a primeira tarefa da administração e, complementando essa visão, Tenório (2006) diz que a finalidade do planejamento é preparar a organização para encarar o futuro. Por meio do planejamento, a organização traça seus objetivos e define os recursos e os meios necessários para atingi-los.

O planejamento está inserido no nosso cotidiano de forma ampla, mas raramente paramos para pensar nisso. De acordo com Baptista (2007), ele decorre do uso da inteligência num processo de racionalização dialética da ação. Para o autor, foi por meio de um processo de reflexão da ação e da incorporação de conhecimentos que surgiram as práticas de planejamento.

O mesmo autor ainda aponta que os gestores, desafiados com a complexidade dos problemas atuais, tiveram, gradualmente, de conhecer em profundidade as problemáticas que os cercam e, com base nisso, definir com clareza os objetivos e mecanismos de mudanças (Baptista, 2007). Dessa forma, dizemos que o planejamento permite que possamos atuar sobre a realidade social no intuito de alcançar determinados resultados pensados previamente. Para tanto, o planejamento é segmentado em três aspectos, conforme veremos a seguir.

1.3.1 As três dimensões do planejamento como processo racional

Baptista (2007) divide o planejamento em três dimensões: como processo racional, como processo político e como processo técnico-político.

O **processo racional** de planejamento se organiza por operações complexas e interligadas (Ferreira, 1965, citado por Baptista, 2007). Elas se subdividem em outros quatro tipos, que podem ser vistos na Figura 1.3.

Figura 1.3 – Processo racional de planejamento

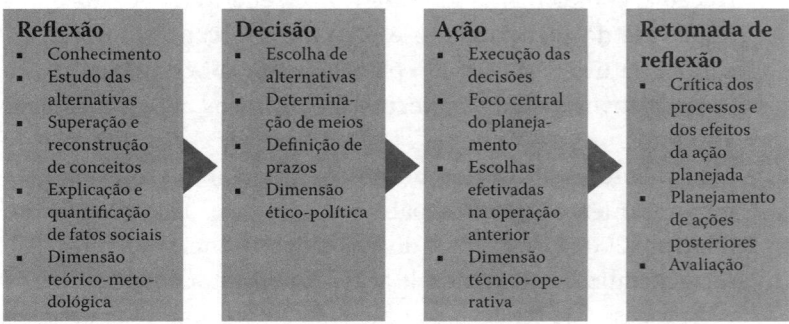

Fonte: Elaborado com base em Baptista, 2007.

Observando a figura, é fácil percebermos que o processo racional como um todo envolve ações que estão imbricadas entre si e se inter-relacionam num processo dinâmico e contínuo. Outra questão que podemos destacar ao analisarmos cada fase do processo é a dimensão de racionalidade presente em cada etapa, permitindo o desenvolvimento de uma lógica que norteia cada ação. Também, como pontua Baptista (2007), trata-se de uma dimensão político-decisória que dá suporte ético-político a sua ação técnico-administrativa.

A segunda dimensão do planejamento é o **processo político**, que está ligado ao processo contínuo de tomada de decisão, sem desconsiderar as relações de poder inscritas nas funções políticas. Nesse sentido, é importante ter uma boa leitura da realidade para que, quando a ação for planejada, aspectos relevantes sejam contemplados. Outro aspecto que deve ser levado em conta é a correlação de forças existente entre diversos segmentos. Para que os assistentes sociais não esqueçam seu papel interventivo nas demandas sociais apresentadas pelos sujeitos, é preciso compreender a disposição de nosso poder/saber no processo de construção de relações menos opressivas e mais autônomas.

A terceira e última dimensão do planejamento é o **processo técnico-político**, que acontece por meio de múltiplas aproximações identificadas com a delimitação de um objeto de intervenção

(Baptista, 2007). Ainda que os movimentos societários devam ser considerados nesse processo, o que focamos são as estruturas e as circunstâncias particulares apresentadas em cada situação.

Nesse sentido, cabe ao gestor ter o foco nas funções gerenciais para que possa estar munido de instrumentos e técnicas que venham a dar conta das situações de imprevisibilidade. Lembramos que elas se apresentam no dia a dia das organizações, mas também podem ser demandas para o serviço social.

1.3.2 Processo histórico do planejamento vinculado ao trabalho dos assistentes sociais

O planejamento esteve presente no processo de trabalho dos assistentes sociais em diversas épocas. A partir de agora, tomaremos como base as pesquisas bibliográficas feitas por Silveira (2003), para promover um resgate histórico sobre essa temática.

Iniciaremos nosso estudo por um período em que o serviço social ainda não era visto como uma profissão – antes de 1930 – e a visão das ciências sobre o assunto se restringia à definição de **homem econômico**. Nesse panorama, despontou a figura do pedagogo espanhol Juan Luís Vives, um dos percussores da intervenção do Estado organizado e da assistência aos necessitados. No ano de 1526, na Bélgica, ele produziu a obra *Da assistência aos pobres*, que se tornou um tratado de socorro aos pobres e mostrava a preocupação com os problemas de seu tempo. Com o objetivo de transferir para os governantes a responsabilidade de resolver os problemas das pessoas necessitadas, foi organizado um censo que iria definir os tipos de pobres e como eles chegaram a essa situação. Essa foi a primeira iniciativa de assistência para atacar a desigualdade social.

Foi Thomas Chalmers, um pastor, escritor e economista escocês, quem indicou um sistema assistencial baseado no inquérito para diagnóstico e tratamento social. Nessa mesma época, na Alemanha, em 1852, Van Heydt criou o *Elberfeld*, um sistema assistencial que fez a cidade de Elberfeld se dividir em setores. Cada um desses setores tinha um visitador, o qual avaliava as situações e distribuía os recursos necessários, que podia ser um conselho, uma ajuda médica ou um recurso material. Havia um comitê central que tinha o controle da situação de toda a cidade, assim como nas prisões e nas instituições de assistência. Essa técnica percorreu alguns países e, em Estrasburgo, cidade situada entre Alemanha e França, reforçou o método de ajuda nos domicílios, agregando profissionais e voluntários.

No período que antecedeu o Movimento de Reconceituação[2], a visão que se tinha era de **homem social**. Em 1869, em Londres, Octávia Hill se viu movida pelo espírito filantrópico e investiu na reconstrução e na reabilitação de habitações no subúrbio, proporcionando alojamento decente e higiênico a preços justos. Para gerir esse empreendimento, ela recrutou damas da sociedade, que ficaram encarregadas de, além de recolher o valor das habitações, aconselhar famílias. Para que o trabalho fosse mais qualificado, ela ainda introduziu vertentes teóricas na busca de melhoria do trabalho.

Em 1917, Mary Richmond, por meio de sua obra *Diagnóstico social*, explicou o método para um bom diagnóstico e tratamento dos problemas sociais. Foi a primeira introdução para o serviço social de caso e seus aspectos técnicos e teóricos. A autora tinha o objetivo de estudar, diagnosticar e tratar os problemas sociais,

---

2 O Movimento de Reconceituação foi iniciado na década de 1960, com um processo de questionamento sobre os aspectos teórico-metodológicos do serviço social, acompanhados por seminários no ano de 1967, em Araxá. Posteriormente, em 1970, na cidade de Teresópolis, e em 1978, no Centro de Estudos do Sumaré, um marco teórico no serviço social do Brasil, iniciou-se a ruptura com o serviço social de bases tradicionais, de princípios iniciados pela doutrina católica. Dessa forma, na década de 1980, teve início a ruptura com a herança conservadora, emergindo a corrente teórica centrada no pensamento de Karl Marx, denominado *materialismo histórico*.

sendo que em sua sistematização apareceu o planejamento da ação.

Em 1940, Amy Gordon Hamilton, professora universitária na Colômbia, com a produção do livro *A teoria e prática do serviço social de casos*, deu aos assistentes sociais uma grande contribuição com sua literatura. Em suma, podemos dizer que ela acreditava na integração do conhecimento científico e dos valores do serviço social como princípios básicos para a prática profissional.

Duas décadas depois, Gisela Konopka publicou o livro *Serviço social de grupo*, apresentando o planejamento como um ato de tomada de decisões em suas dimensões humanas, políticas e culturais.

Em 1972, em Buenos Aires, Natalio Kisnerman, por meio do livro *Serviço social pueblo*, colocou o homem como protagonista do planejamento. Já no período de pós-reconceituação[3], apareceu a visão de **homem político**.

A norte-americana Harriet Bartlertt publicou, em 1976, o livro *A base do serviço social*. Nele, ela aponta a ruptura com o pensamento tradicional, apoiando-se nas ações planejadas e orientadas próprias do serviço social. Em 1978, no livro *Serviço social: uma nova visão teórica*, Maria do Carmo Brant Falcão evidencia que, no planejamento, as metas e os objetivos devem estar em consonância com pretensões dos sujeitos, destacando a ação planejada e os conteúdos ideológicos.

Já em 1979, a publicação de *Serviço social: política e administração*, de Balbina Otoni Vieira, evidenciou que o planejamento dá base aos processos de diagnóstico e intervenção. Em 1980, no livro *Planejamento e serviço social*, Mario Barbosa salientou que o planejamento é realizado com valores e postulados de quem planeja, apontando a subjetividade do ato de planejar, além de mostrar que o planejamento é histórico e temporal, tendo que ser revisto constantemente.

----
3 Incide numa nova proposta de ação profissional, tendo por base as demandas e os interesses das lutas sociais populares na perspectiva da transformação social.

Em 1996, Rosangela Fritsch publicou o texto *Planejamento Estratégico: instrumental para a intervenção do Serviço Social?*, no qual mostrou como o planejamento influencia os níveis técnico e político, destacando também a consonância do instrumental com o projeto ético-político da profissão. Quatro anos depois, Myriam Veras Baptista, com seu livro *Planejamento social: intencionalidade e instrumentalidade*, apresentou as dimensões técnico-operativa, ético-política e teórico-metodológica no planejamento social. Fragmentos da obra, inclusive, já foram exposto neste capítulo.

Por meio desse rápido recorte de autores, obras e assuntos por eles abordados, podemos perceber que, de forma direta ou indireta, o planejamento foi sendo delineado no agir profissional do assistente social ao longo dos anos. No entanto, como conteúdo específico para a profissão, isso aconteceu efetivamente apenas nas últimas quatro décadas.

Devemos levar em conta um conjunto de princípios que norteiam a ação de *planejar*, buscando sempre a articulação teórica com a realidade que se apresenta. Assim, buscar ferramentas que possam subsidiar não só a análise da sociedade, mas também a transformação da realidade social por meio da implantação de programas e projetos, torna-se imprescindível ao assistente social. O profissional precisa ter nas suas competências e qualificações a execução, o planejamento, a gestão e a formulação das políticas sociais públicas ou privadas.

1.3.3 Funções gerenciais do planejamento

As funções gerenciais ajudam a definir uma determinada finalidade com base em uma visão de homem e de mundo, pois olhar a realidade que se apresenta tendo por base um escopo de teorias e vivências é muito importante. Observe a Figura 1.4.

Figura 1.4 – Funções gerenciais do planejamento

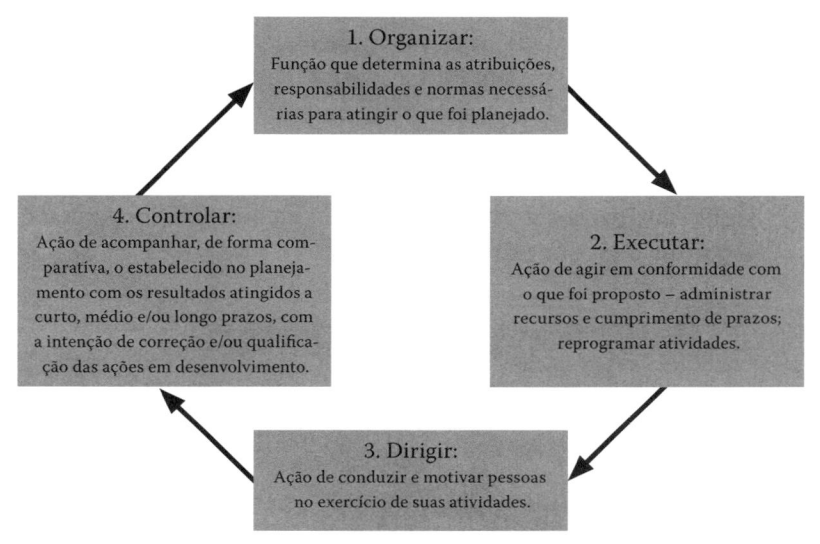

1. Organizar: Função que determina as atribuições, responsabilidades e normas necessárias para atingir o que foi planejado.

2. Executar: Ação de agir em conformidade com o que foi proposto – administrar recursos e cumprimento de prazos; reprogramar atividades.

3. Dirigir: Ação de conduzir e motivar pessoas no exercício de suas atividades.

4. Controlar: Ação de acompanhar, de forma comparativa, o estabelecido no planejamento com os resultados atingidos a curto, médio e/ou longo prazos, com a intenção de correção e/ou qualificação das ações em desenvolvimento.

Seguindo os quatro passos que estão indicados na Figura 1.4, é possível verificar a distância que se está da finalidade e em que medida se está avançando – ou não – para sua consecução. Depois, pode-se propor um conjunto sistemático e orgânico de ações que permita diminuir a distância entre a realidade e o idealizado e que contribua para alcançá-lo. Por último, mas não menos importante, é necessário avaliar custos e benefícios, sejam eles sociais, sejam políticos ou econômicos, bem como riscos, limitações, interesses, problemas reais e potenciais.

1.3.4 Planejamentos estratégico, tático e operacional

Planejamento estratégico é uma visão de longo alcance no contexto mais amplo das organizações. De maneira geral, é uma ação realizada no surgimento da organização ou em momentos de crise, porém deveria ser executada de tempos em tempos na possibilidade de prevenção e de novas perspectivas organizacionais. Para execução desse planejamento, é necessário envolvimento de todas as pessoas, conhecimento real da situação organizacional, diálogo entre todas as instâncias e criatividade na resolução de problemas. É também muito importante o compartilhamento de ideias a respeito do fluxo e do andamento da instituição, bem como as previsões a respeito do futuro. O planejamento estratégico tem um sentido temporal de longo prazo, o que envolve, por exemplo, dez anos.

Figura 1.5 – Etapas do processo de planejamento estratégico

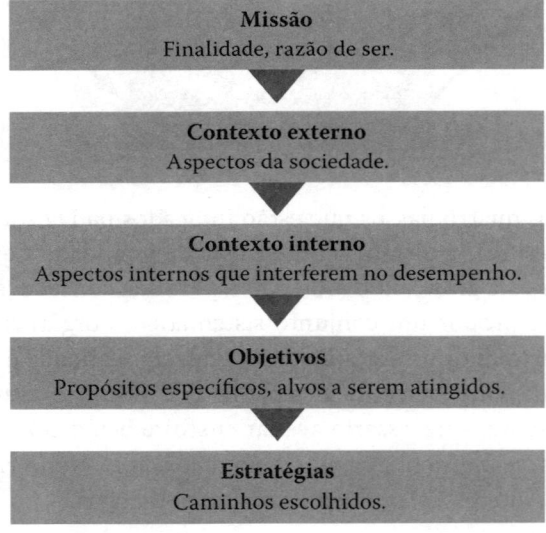

Fonte: Elaborado com base em Tenório, 2006.

O processo de planejamento estratégico percorre os seguintes caminhos: definição da missão, análise dos contextos externo e interno, definição de objetivos, definição de estratégias e elaboração e redação do plano, conforme pudemos verificar na Figura 1.5.

Já os planejamentos tático e operacional são aqueles que visam estabelecer objetivos mais detalhados. Assim, o **planejamento tático** está voltado para dentro da organização. Nele, são explicitados objetivos e estratégias para cada atividade desenvolvida num determinado tempo (no máximo, três anos).

Por sua vez, o **planejamento operacional** traz o detalhamento dos objetivos e das estratégias do planejamento tático, sendo cumprido a curto prazo (até um ano). Outro aspecto a ser considerado é o tamanho da organização, a diversificação das atividades e o ritmo de mudanças no contexto. Devemos levar em conta que, quanto maior a organização, mais atividades serão executadas e maior será o detalhamento do planejamento. Porém, quanto maior o nível de mudanças, mais genérico será o planejamento (Tenório, 2006).

1.4 Organização

Quando nos referimos ao segundo pilar da gestão, falamos da **organização** do trabalho a ser feito entre os membros responsáveis. Nessa etapa, existe uma divisão de tarefas e responsabilidades, que compreende desde a definição de recursos até a constituição de grupos de trabalhos para execução das atividades.

Tenório (2006) diferencia os dois sentidos do termo *organização*. O primeiro pode ser entendido como agrupamento de pessoas, recursos, tecnologia e informação na produção de bens ou serviços. Essa concepção diz respeito a empresas, órgãos do governo ou organizações não governamentais (ONGs). Já o segundo significado é relativo à função gerencial básica, ou seja, à função de organização como um dos pilares da gestão. Desse modo, podemos trazer a definição geral de que *organização* é a função gerencial "que compreende a definição de recursos e a criação de grupos de trabalho voltados para a realização de atividades organizacionais" (Tenório, 2006, p. 55). Assim, são definidas as atribuições, responsabilidades e relações entre indivíduos e grupos, de modo a possibilitar o atingimento dos objetivos da organização (empresa/instituição).

Quanto aos objetivos da organização, podemos mencionar:

- definir quem toma as decisões;
- definir quem realiza as atividades;
- definir quem se encarrega do acompanhamento e do controle das atividades;
- questionar as relações entre os membros.

Quanto à função gerencial da organização mencionada, ela pode ser explicitada por meio de vários instrumentos. Entre eles, podemos destacar os estatutos, os organogramas, os regimentos internos, os manuais de procedimentos ou as rotinas e a descrição de cargos.

Como podemos perceber, essa função gerencial norteia as atividades desenvolvidas na organização, onde são estabelecidos os fluxos e quem será responsável por sua execução. Quando não existe determinação de tarefa, todos se sentem responsáveis, mas cada um acaba por achar que o outro está fazendo tal função e, no final, é possível que ninguém tenha executado a atividade. Para evitar esse tipo de problema, cabe ao assistente social identificar seu papel nessa função, a fim de poder intervir conjuntamente nas realidades inerentes à tensão entre as relações capital e trabalho por meio de sua dimensão pedagógica (Amaral; Cesar, 2009).

1.5 Direção

Não podemos apenas planejar e organizar as tarefas para assegurar que as ações serão desenvolvidas prontamente. Nesse sentido, necessitamos acionar outra função, que é a **direção**. Ela tem por finalidade estimular as pessoas na realização das atividades, exercendo a responsabilidade que lhes foi imbuída e garantindo, assim, a execução das ações.

De acordo com Tenório (2006, p. 79), é por meio dessa função que se indica como atingir os objetivos. Para isso, são necessárias as diretrizes para a execução da tarefa, sempre respeitando os prazos e recursos. Assim, podemos dizer que se trata de uma função dinâmica, que exige do gestor a capacidade de **coordenar** (gerenciar recursos e analisar/mediar as relações entre a organização e as pessoas), **motivar, liderar** e **tomar decisões** (Tenório, 2006).

A direção indica o caminho a ser tomado; é a ação de conduzir e motivar pessoas no exercício de suas atividades. Mas, para isso, o gestor deve ter uma visão ampliada do contexto organizacional e das interações decorrentes dessa relação. Essa ação envolve a medição do que é solicitado e planejado, além das formas que cada membro utilizará para o desempenho de suas funções. Não se trata de ser o detentor da verdade, mas alguém que possa desenvolver suas competências no diálogo e na resolução de conflitos.

1.6 Controle

O **controle** é a ação de acompanhar, de forma comparativa, o estabelecido no planejamento com os resultados atingidos (a curto, médio e/ou longo prazo), a fim de corrigir ou qualificar as ações em desenvolvimento.

Para Tenório (2006), o controle é a função que compara as ações planejadas com os resultados obtidos. Com base nessa análise, é possível dar início à eventual correção nos rumos definidos pela organização/instituição.

O controle não é uma ação específica das organizações, já que está presente no nosso cotidiano. O que acontece é que ele passa despercebido por se tratar de uma ação mecânica, inconsciente. Podemos usar como exemplos desde o controle do dinheiro obtido no salário para que se possa chegar até o final do mês até o controle de uma atividade física para não realizar excessos e prejudicar algum músculo.

A partir do momento em que o controle é exercido, são apresentadas características como: **análise, acompanhamento ou monitoramento** e **avaliação**.

Essas características funcionam durante todo o processo e estão mais bem definidas na Figura 1.6.

Figura 1.6 – Características e funções do controle

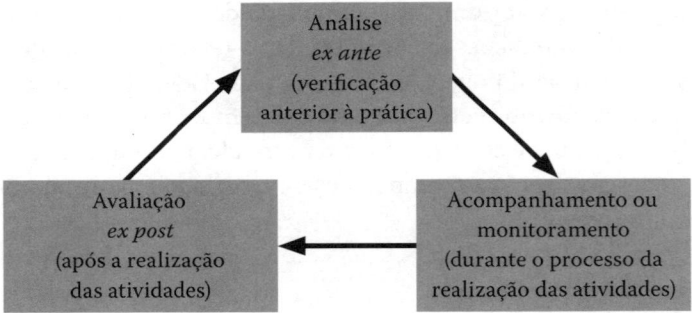

Fonte: Elaborado com base em Tenório, 2006.

Cada uma dessas etapas do controle assumem características e funções próprias, que garantem a execução do processo. Para complementar, também podemos identificar os níveis do controle dessa ação, como veremos no próximo item.

1.6.1 Níveis de controle

Os níveis de controle podem ser definidos como **estratégico**, **tático** e **operacional**. São interligados, mas apresentam abrangência e dimensões distintas. Podemos defini-los da seguinte maneira:

- **Controle estratégico**: Execução de um controle global e integrado dos resultados e do desempenho da organização. Tem por finalidade acompanhar o desempenho desta no que diz respeito à realização de sua missão. Além disso, é preciso que se acompanhe "o comportamento dos fatores ambientais que a afetam [a organização], visando [...] produzir informações que permitam a tomada de decisões sobre os objetivos estratégicos planejados e os recursos envolvidos" (Maximiano, 1987, citado por Tenório 2006). Nessa etapa, e em função de variáveis, há possibilidade de os resultados do controle serem mais genéricos.

- **Controle tático**: Tem uma abrangência micro, pois seu foco de atuação está diretamente ligado ao modo como as áreas ou unidades desenvolvem suas atividades e como os objetivos e as metas estão sendo alcançados.
- **Controle operacional**: Está diretamente ligado a operações e tarefas, ou seja, fica encarregado do desempenho de cada momento estipulado. Tenório (2006) identifica que, para efetuar o controle operacional, devem ser utilizados os seguintes instrumentos: orçamentos, cronogramas e regras e as regulamentos. Somente após a posse das informações provenientes desses três níveis de controle é que serão realizados os ajustes e as correções no processo.

1.6.2 Fases do controle

A execução do controle é realizada por meio de alguns critérios, como vimos nos itens anteriores, mas ela também passa pelo planejamento, que, nesse caso, é constituído por quatro fases (Tenório, 2006):

1. **Estabelecimento de padrões de desempenho**: Como o próprio nome diz, essa fase é desenvolvida mediante elementos que sirvam de base de comparação entre os resultados obtidos e os desejados.
2. **Mensuração dos resultados**: Nessa fase, é importante que a base de comparação seja a mesma da fase anterior, pois só assim será possível analisar o desempenho efetivo e o desejado. A mensuração dos resultados deve ser útil, precisa e econômica.

3. **Comparação do desempenho real com o padrão estabelecido**: Essa fase é primordial, pois é com base no diagnóstico e nas decisões que a organização terá oportunidade de rever processos e corrigi-los.
4. **Adoção de ações corretivas**: Ao contrário do que se pensa, as ações corretivas não dizem respeito apenas aos erros cometidos na organização, mas também ao reforço do bom desempenho. Nesse sentido, três medidas devem ser levadas em consideração: a **precisão**, a **rapidez** e a **adaptabilidade**.

Figura 1.7 – Fases do controle

1. Estabelecimento de padrões de desempenho
2. Mensuração de desempenho
3. Comparação de desempenho real com o padrão estabelecido
4. Adoção de ações corretivas

Fonte: Elaborado com base em Tenório, 2006.

As fases do controle nos dão base para que possamos analisar os resultados alcançados em determinado planejamento. Elas existem para identificar os desvios estabelecidos entre o que foi pensado – ou seja, planejado – e os problemas que não foram detectados inicialmente. Sendo assim, têm grande importância para o controle das ações desempenhadas e são fundamentais no exercício da gestão.

Síntese

Neste capítulo, pontuamos questões relevantes que, de acordo com o nosso entendimento, são imprescindíveis para a formação profissional do assistente social, tendo como foco a gestão, que vem evidenciar os fundamentos da formação profissional. Para tanto, não apontamos um caminho específico para se pensar em gestão, mas direções para iniciar os estudos dessa área.

Conforme evidenciamos, *gestão* é uma palavra que vem do latim *gestione* – ato de gerir, gerência, administração. Porém, não se trata de uma definição unívoca, mas de um conceito que transita entre diversas áreas do saber, perpassando a administração e a ciência política. Ela está presente em toda organização.

Assim como o termo *administração*, podemos fazer referência ao sentido literal da palavra, que vem do latim *administratione* (direção ou gerência). *Ad* significa "direção, tendência para", enquanto *minister* quer dizer "subordinação ou obediência". Dessa forma, *gestão* e *administração* nos levam à ação de gerenciamento, que não pode ser efetuada sem um planejamento, o qual, segundo Baptista (2007), é o conjunto de reflexões e proposições que embasam a intervenção.

Tomando esses conceitos por base, apresentamos os níveis da gestão; o conceito de planejamento, suas funções, subdivisões e história dentro da assistência social; a organização e os pilares *direção* e *controle*, com suas funções dentro da gestão; e, por fim, as fases do controle.

Ao longo deste capítulo, você com certeza concluiu que o assistente social deve estar sempre atento às transformações societárias contemporâneas, o que impõem ao profissional formas polivalentes no exercício da profissão. Como salienta Neto (1996, citado por Amaral; Cesar, 2009), as transformações vivenciadas nas empresas capitalistas são determinadas pela mundialização, pela transnacionalização e pela financeirização do capital, alterando também a cultura profissional, o que incide nas suas áreas de intervenção, nos seus suportes de conhecimento e nas suas funcionalidades.

Questões para revisão

1. Sobre o conceito de gestão apresentado neste capítulo, marque as alternativas a seguir como verdadeiras (V) ou falsas (F):
   ( ) Está diretamente associado às teorias econômicas, mas nem sempre vinculado à gerência e à função organizacional.
   ( ) Trata-se de um conceito unívoco, abordado por todas as ciências, mas que não abrange os conflitos organizacionais, que também são perpassados pelas organizações públicas.
   ( ) Está ligado ao ato de gerir (gerência, administração). Não se trata de uma definição unívoca, mas de um conceito que transita entre diversas áreas dos saberes, perpassando a administração e a ciência política.
   ( ) Tem o mesmo significado de *administração*. Assim, gerir e administrar têm relação com o controle das ações propostas, envolvendo pessoas, empresa, produtos, serviços, clientes e usuários.

   Agora, assinale a alternativa que corresponde à sequência correta:
   a) F, F, F, V.
   b) F, V, V, V.
   c) F, F, V, V.
   d) F, F, V, F.

2. Sabemos que os níveis de gestão são divididos basicamente em nível micro e nível macro. Sobre esses níveis e suas implicações, marque as alternativas a seguir como verdadeiras (V) ou falsas (F):
   ( ) De modo geral, podemos dizer que nenhuma organização pode estabelecer sua gestão com base apenas no nível micro, ou seja, o nível macro também deve ser levado em consideração.

( ) O nível macro abrange um contexto amplo que vai além do cotidiano da organização, o qual deve levar em conta as ações locais, mas não está relacionado de modo algum ao contexto social, político e econômico do país.

( ) O nível macro abrange um contexto amplo, que vai além do cotidiano da organização, o qual deve levar em conta as ações locais, e está relacionado ao contexto social, político e econômico do país.

( ) O nível micro diz respeito à etapa que se processa no interior da organização e às questões cotidianas e particulares de seu funcionamento interno.

Agora, assinale a alternativa que corresponde à sequência correta:
a) V, V, F, F.
b) V, F, V, V.
c) V, V, F, V.
d) V, V, V, F.

3. De acordo com o que foi apresentado neste capítulo, o ato de gerenciar passa por três níveis hierárquicos de decisão. Sobre esses níveis, assinale a alternativa correta:
a) O nível tático é aquele no qual são realizadas as tomadas de decisão a respeito de cada parte da instituição, desde a produção até os recursos e as metas a serem desenvolvidos.
b) No nível estratégico, são definidos os objetivos e a finalidade da ação. Nesse nível, a decisão ocorre em instâncias menores, dos funcionários, para que depois as resoluções sejam levadas a instâncias maiores, dos diretores, dirigentes e conselheiros.
c) No nível operacional, são realizadas as atividades que irão dar conta dos objetivos propostos. Os envolvidos são as pessoas diretamente ligadas à diretoria da empresa.
d) No nível operacional, são realizadas as tomadas de decisão a respeito de cada parte da instituição, desde a produção até os recursos e as metas a serem desenvolvidos.

4. Tomando por base a afirmação de que qualquer gerenciamento tem início com um bom planejamento, use os elementos que você estudou neste capítulo e defina o planejamento e suas funções.

5. Descreva resumidamente as funções gerenciais do planejamento.

Questões para reflexão

1. É importante que possamos compreender o papel do assistente social como gestor, que tem como pressuposto a leitura da realidade social para elaboração de seu plano de intervenção, uma vez que sua ação na empresa é voltada "tanto à preservação da força de trabalho do empregado como à necessidade de mediar conflitos/comportamentos [...] na relação capital e trabalho" (Amaral; Cesar, 2009, p. 414). Tendo por base esse pensamento, e refletindo sobre o dia a dia da profissão, você considera que a gestão realizada pelo assistente profissional tem parâmetros diferenciados da gestão realizada por outros profissionais? Por quê?

2. Os níveis estratégico, tático e operacional são altamente aplicáveis nas organizações em geral. Entretanto, no que se refere ao profissional assistente social, como esses níveis podem ser desenvolvidos?

Para saber mais

BAPTISTA, M. V. **Planejamento social**: intencionalidade e instrumentação. São Paulo: Veras, 2007.

Nessa obra, Myriam Veras Baptista aborda os elementos construtivos do planejamento como processo técnico-político, falando de questões como a trajetória para a tomada de decisões. O livro é bastante interessante no sentido de que oferece conteúdos teóricos com elementos para sua utilização prática.

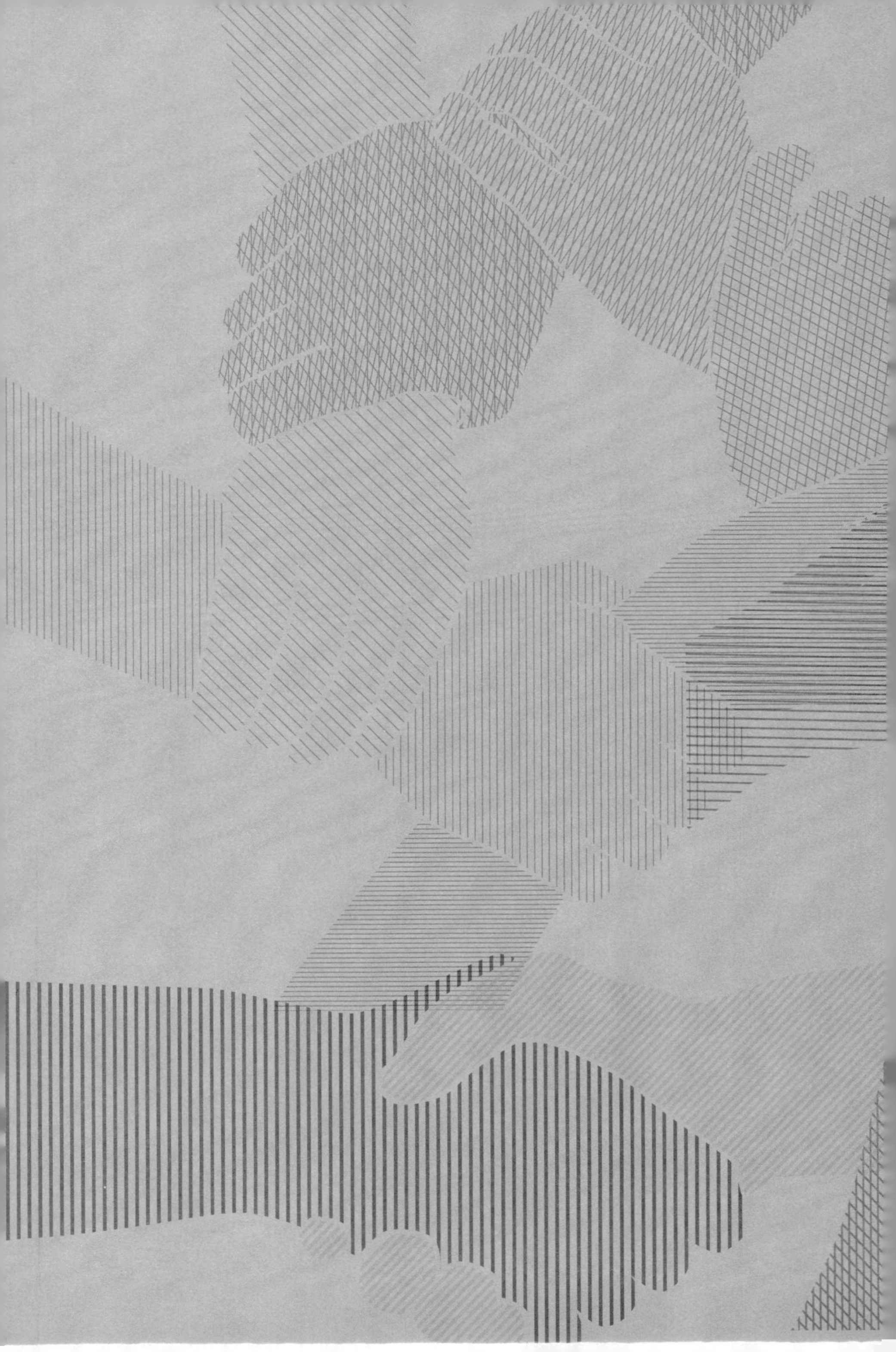

Gestão privada

CAPÍTULO 2

Conteúdos do capítulo:

- Teorias da administração: principais usos e focos.
- Teoria humanística e foco no indivíduo.
- Teoria das relações humanas e suas derivadas, com ênfase nos comportamentos emocionais e não racionais nas organizações.
- Teoria comportamental como busca de novas soluções democráticas, humanas e flexíveis para os problemas organizacionais.
- Teoria do desenvolvimento organizacional como base formadora das teorias comportamentais e das dinâmicas de grupo.
- Abordagens sistêmicas da administração.
- Teoria contingencial e tratamento da eficácia organizacional.
- Teoria da qualidade total e melhoria contínua.
- Responsabilidade social nas organizações.

Após o estudo deste capítulo, você será capaz de:
1. compreender a teoria da administração e seus usos, identificando-a como processo de reprodução das relações sociais na sociedade capitalista;
2. identificar a teoria humanística e a teoria das relações humanas, bem como suas derivadas, entendendo a importância do foco no indivíduo;
3. argumentar, por meio do estudo da teoria do comportamento, que o indivíduo ou uma organização age e/ou reage às interações, dando respostas ao meio;
4. aplicar o conceito desenvolvimento organizacional de forma relacionada à mudança e à capacidade das organizações em se adaptarem às mudanças;
5. compreender a análise sistêmica das organizações e a análise dos fenômenos na sua totalidade;
6. conceituar as teorias da eficácia organizacional e da qualidade total, aplicando a ideia de melhoria contínua;
7. saber mais sobre a responsabilidade sociais das organizações e suas obrigações;
8. reconhecer que o serviço social é uma ciência social aplicada;
9. entender que o serviço social utiliza conhecimentos de outras áreas para ajudar a compor e formular seu embasamento teórico metodológico e interventivo.

O serviço social é uma profissão inscrita na divisão social e técnica do trabalho e cada vez mais vem sendo chamada para inserção profissional em diferentes espaços ocupacionais, os quais exigem competências e atribuições particularizadas, bem como compreensão do processo de reprodução das relações sociais. Dessa forma, não existe um processo de trabalho, (Iamamoto, 2009), ou seja, o trabalhador vai se apropriando dos espaços, dos referenciais e das técnicas para desenvolver sua atividade laboral.

Por conta disso, os assistentes sociais precisam estar pautados em fundamentos teóricos – metodológicos e técnicos –, operativos e ético-políticos que embasem a prática de forma crítica. É comum que o profissional se depare com visões, teorias, saberes e competências diversificadas, sendo necessário que fique atento ao conjunto de diretrizes que fundamentam sua prática profissional e conheça referenciais que estejam circulando para que compreenda e apreenda a lógica que vem sendo reproduzida no mercado de trabalho. É necessária, na prática profissional, uma competência crítica capaz de decifrar a gênese dos processos sociais, suas desigualdades e as estratégias de ação para enfrentá-los (Iamamoto, 2003), mesmo que isso não seja a base teórica para o serviço social.

Pensando nisso, neste capítulo apresentaremos elementos importantes da administração que compõem o dia a dia de um gestor na área privada, em que aparece para o assistente social um conjunto diverso de frentes de trabalho. É o que reforçam Amaral e Cesar (2009), que destacam ainda a importância dos programas participativos, o desenvolvimento de equipes, a ambiência organizacional, a qualidade de vida no trabalho, o voluntariado, a certificação social, a educação ambiental etc.

2.1 Teorias administrativas

Se pararmos para pensar, o mundo gira em torno de organizações. Como afirma Chiavenato (2003), desde nosso nascimento estamos dentro de uma organização e assim passamos as sucessivas etapas do nosso ciclo vital. As organizações são extremamente heterogêneas e diversificadas em tamanho, características, estruturas e objetivos. Existem as lucrativas, chamadas *empresas*, e as não lucrativas, como Exército, igreja, serviços públicos, entidades filantrópicas, organizações não governamentais (ONGs) etc. (Chiavenato, 2003). Mas apesar de nenhuma delas serem iguais, as situações desenvolvidas em seu interior são semelhantes, o que quer dizer que sempre haverá a solução de problemas, sejam quais forem as instâncias. Além disso, todas as organizações são constituídas por pessoas e recursos não humanos, como salienta Chiavenato (2003). Dessa forma, toda organização precisa de administração, planejamento, direção e controle.

A Teoria Geral da Administração (TGA) é o campo de conhecimento que trata do estudo da administração das organizações, cujo desenvolvimento se dá por intermédio de um gestor/administrador que utiliza técnicas e habilidades para o desenvolvimento do seu trabalho.

De acordo com Kanz (citado por Chiavenato, 2003), para que o gestor desempenhe seu trabalho de forma efetiva, são necessárias as seguintes habilidades:

- **Habilidade técnica**: Relacionada ao fazer, ao uso do conhecimento especializado na execução de técnicas utilizadas no trabalho.
- **Habilidade humana**: Refere-se ao relacionamento interpessoal e grupal, envolvendo a capacidade de comunicação, liderança e resolução de conflitos.
- **Habilidade conceitual**: Diz respeito a conceitos, ideias, teorias e abstrações.

Vemos, assim, que a compreensão de toda organização diz respeito às capacidades mais sofisticadas do administrador. Nesse sentido, existem várias teorias na administração. Observe, no Quadro 2.1, algumas das principais teorias e seus enfoques.

Quadro 2.1 – Principais teorias da administração

Ênfase	Teorias administrativas	Principais enfoques
Nas tarefas	Administração científica	• Racionalização do trabalho no nível operacional.
Na estrutura	Teoria clássica Teoria neoclássica	• Organização formal. • Princípios gerais da administração. • Funções do administrador.
	Teoria da burocracia	• Organização formal burocrática. • Racionalidade organizacional.

	Teoria estruturalista	• Múltipla abordagem:
		  • organização formal e informal;
		  • análise intraorganizacional e análise interorganizacional.

Nas pessoas	Teoria das relações humanas	• Organização informal. • Motivação, liderança, comunicações e dinâmica de grupo.
	Teoria do comportamento organizacional	• Estilos de administração. • Teoria das decisões. • Integração dos objetivos organizacionais e individuais.
	Teoria do desenvolvimento organizacional	• Mudança organizacional planejada. • Abordagem de sistema aberto.
No ambiente	Teoria estruturalista	• Análise intraorganizacional e análise ambiental. • Abordagem de sistema aberto.
	Teoria da contingência	• Análise ambiental (imperativo ambiental). • Abordagem de sistema aberto.

(continua)

(Quadro 2.1 – conclusão)

Ênfase	Teorias administrativas	Principais enfoques
Na tecnologia	Teoria da contingência	• Administração da tecnologia (imperativo tecnológico).
Na competitividade	Novas abordagens na administração	• Caos e complexidade. • Aprendizagem organizacional. • Capital intelectual.

Fonte: Adaptado de Chiavenato, 2003, p. 12.

Com base no Quadro 2.1, podemos perceber o que vem sendo abordado na administração e entender os enfoques que são dados para o exercício profissional. É na relação teoria e prática que o fazer profissional se torna mais efetivo, o que, nesse caso, pode acontecer com base em seis variáveis: tarefas, estrutura, pessoas, ambiente, tecnologia e competitividade. Porém, cada uma dessas teorias privilegia uma das variáveis, como aponta Chiavenato (2003).

O que se destaca é que cada teoria surgiu em determinada época para dar respostas às questões decorrentes dos momentos vividos na área da administração de empresas, ou seja, no interior da própria empresa. Como isso aconteceu motivado pela necessidade de soluções de problemas, as teorias obtiveram sucesso para o que almejavam especificamente. Salientamos que nenhumas das abordagens aqui destacadas são inválidas; o que muda é qual dessas teorias o administrador percebe como mais ou menos eficaz na aplicabilidade do seu dia a dia. O assistente social, na área da gestão privada, necessita também ter conhecimento dessas teorias para execução de seu trabalho.

Cabe reforçar que, mesmo não sendo base teórica para o serviço social, as abordagens aqui relacionadas estão sendo executadas nos espaços sócio-ocupacionais. Dessa forma, muitas vezes o profissional se depara com esses referenciais e precisa responder às demandas impostas pela gestão. Essa relação está implicada na condição de trabalhador assalariado regulado por um conjunto de novas mediações que devem ser

> levadas em conta, como os parâmetros institucionais e trabalhistas que regulam as relações de trabalho, jornada, salário, produtividade, metas e atribuições (CFESS, 2012).

Amaral e Cesar (2009) afirmam que, no final da década de 1980 e início da de 1990, as empresas já tinham realizado ajustes organizacionais necessários para dar conta da integração econômica à dinâmica capitalista global. As autoras ainda destacam que os empresários precisaram criar mecanismos sociopolíticos voltados aos trabalhadores para dar legitimidade a tais mudanças (Amaral; Cesar, 2009). Isso serviu para moldar as novas formas de gestão e de relações de trabalho, fundadas no participacionismo e na colaboração dos trabalhadores com a gestão empresarial. O exemplo está nos círculos de qualidade total.

Essas e outras mudanças ocorreram devido à mobilidade de cada época que, como descrevemos, são decorrentes das transformações societárias e organizacionais. Com essas alterações, novas variáveis puderam se agregar às organizações, nublando a tarefa de planejar, organizar, controlar e dirigir uma empresa de forma eficiente e eficaz.

Por conta desses acontecimentos, é necessário que façamos um transcurso na história para compreendermos o processo de evolução da administração e de seu desenvolvimento na sociedade capitalista, dando ênfase a seus principais teóricos e referenciais. Chiavenato (2003) afirma que o início da administração envolveu diferentes atores, como: cidades, países, governantes, exército e igrejas. Seguiremos esse pensamento no decorrer deste capítulo, a fim de conhecermos fragmentos da contribuição desses atores para o desenvolvimento da administração.

Para nosso estudo das teorias, é importante destacarmos a Revolução Industrial, pois ela representou o aparecimento das fábricas. Foi a partir disso que grandes mudanças aconteceram, como:

- surgimento operário especializado;
- crescimento das cidades e necessidade de gestão pública;
- surgimento dos sindicatos;

- início do marxismo, em função da exploração do capital;
- doutrina social da igreja para contrabalançar o conflito capital × trabalho;
- primeiras experiências na administração de empresas;
- administração como área do conhecimento.

Ainda nesse âmbito histórico da Revolução Industrial, sabemos que toda a história se constituiu de fatos, teorias e ações, da mesma forma que as teorias administrativas, que receberam interferência das ciências e dos teóricos, criaram conceitos e teorias para explicar a relação entre Estado, governos e sociedades, assim como suas organizações. Sendo assim, para podermos compreender a influência de cada uma dessas teorias na administração, passaremos agora a descrevê-las separadamente, iniciando pelo método cartesiano.

O **método cartesiano** foi uma influência na administração, na administração científica, nas teorias clássicas e neoclássicas. Consistia em um método que aceitava apenas aquilo que pode ser comprovado, e nunca aquilo que não tenha, fundamento para provar a verdade. Baseada nisso, foi criada a célebre frase "penso, logo existo", que assim comprova a própria existência. Houve influência de outros filósofos, que contribuíram para o estudo da administração com suas formulações a respeito do governo, Estado e povo, como Tomas Hobbes, filósofo e político inglês que tem como pressuposto básico de sua teoria o governo com poder absoluto. No seu livro *Leviatã*, publicado em 1651, ele descreve que o povo renuncia seu poder em favor do governo, pois é ele quem garante a paz e organiza a vida social.

Outro pensador, Jean-Jacques Rousseau, sugeriu a **teoria do contrato social**. Nela, o Estado surge por meio de um acordo de vontades. Nesse caso, o homem é um ser do bem, mas é o convívio social que o corrompe. Assim, o contrato social é um acordo entre os membros de uma sociedade que reconhece a igualdade na autoridade de um regime político, governantes ou regras.

No século XVIII, os liberais receberam aprovação de suas teorias, e suas ideias passaram a ser vistas com base no direito natural, referindo-se à ordem natural como sendo a mais perfeita. Os bens naturais, sociais e econômicos eram considerados de caráter eterno, os direitos econômicos humanos eram considerados inalienáveis e havia uma harmonia na coletividade. Essa vertente propunha que a vida econômica deveria ser afastada da influência estatal, uma vez que o trabalho seguia os princípios econômicos, seja por meio da mão de obra, seja da matéria-prima. Os operários, assim, ficaram à mercê dos patrões, donos dos meios de produção.

Depois disso, houve o surgimento da livre concorrência, fundada por Adam Smith, a qual inseriu a competição como ideia central. Smith chamou de *mão invisível* o que poderíamos destacar como lei da oferta e da procura.

A livre concorrência criou áreas de conflitos sociais intensos, produzindo desequilíbrios e não dando mais sustentação para o sistema, e começou a perder força à medida que o capitalismo crescia. O novo capitalismo, como pontua Chiavenato (2003), inseriu a produção em larga escala com grande concentração de máquinas e de mão de obra, o que criou situações problemáticas de organização do trabalho, padrão de vida e concorrência econômica.

À medida que estudamos os pensadores que contribuíram para a história e, consequentemente, para a teoria das organizações sociais, podemos perceber que, no decorrer dos séculos, as relações sociais eram regidas pelas vertentes de cada época, com suas idiossincrasias e fundamentos, chegando assim à evolução e à criação de inúmeros adventos, como o desenvolvimento das técnicas e as descobertas que mudaram a vida em sociedade, como o caso do capitalismo, sistema econômico cujo objetivo principal é a aquisição do lucro.

Chamamos de *capitalismo industrial* o período iniciado em 1860, quando, a partir da Segunda Revolução Industrial, tiveram destaque a substituição do ferro pelo aço, o surgimento da eletricidade e dos derivados do petróleo, o desenvolvimento da máquina, a especialização do trabalhador, o domínio da indústria pela ciência, as transformações nos transportes e nas comunicações e as novas formas de organizações e as organizações comerciais. Ele sucumbiu ao chamado *capitalismo financeiro* por volta do ano 1904.

Esse interim entre capitalismos industrial e financeiro apresentou quatro características (Chiavenato, 2003):

1. dominação pelas instituições bancárias, financeiras e de crédito;
2. acumulação de capital por meio das fusões de empresas;
3. divisão entre propriedade privada e direção de empresa;
4. surgimento das chamadas *holding companies* na coordenação e integração dos negócios.

As novas tecnologias e as novas formas de produção foram contribuindo para o aparecimento de novas situações sociais. A crescente legislação, com o objetivo de defender e proteger a saúde e a integridade física do trabalhador, fez com que os administradores e as gerências das empresas passassem a ter uma preocupação maior com o proletário.

Com isso, porém, cada vez mais os trabalhadores passaram a ser colocados em funções específicas, ou seja, sem saber de todo o processo. Isso fez com que eles se distanciassem da finalização do produto, muitas vezes sem ter conhecimento do que estavam produzindo. Assim, podemos dizer que passou a existir um distanciamento do papel social do produto. Todo esse processo levou à separação entre capitalista e operário, sendo que tal distanciamento começou a gerar problemas sociais e reivindicativos dentro das fábricas, afetando os rendimentos do trabalho. E é nesse momento que destacamos, a partir de agora, um importante foco de atuação do serviço social.

Karl Marx e Frederich Engel, criadores do socialismo científico e do materialismo histórico, propuseram uma **teoria da origem econômica do Estado**. Para os autores, o poder econômico e político nada mais era do que o poder do homem pelo homem. Na obra *Manifesto comunista*, de 1948, eles analisaram os diversos regimes econômicos e sociais e a sociedade capitalista, concluindo que a luta de classes é o motor da história (Chiavenato, 2003).

Marx lançou o conceito de **capital** e as teorias da mais-valia baseadas na teoria do valor-trabalho. Para Marx, o capitalismo podia ser visto pela sociedade de classes e por sua dinâmica de luta de classes, em que o proletariado tem como missão primordial sua superação para instaurar uma nova sociedade sem classes (Chiavenato, 2003).

Em relação ao conceito de *mais-valia*, Marx considerava que o valor de toda mercadoria produzida seria determinado pela quantidade de trabalho socialmente necessária para produzi-la, conforme salienta Chiavenato (2003, p. 43, grifo do original):

> Como a força de trabalho é uma mercadoria cujo valor é determinado pelos meios de vida necessários à subsistência do trabalhador (como alimentos, roupas, moradia, transporte etc.), se ele trabalhar além de um determinado número de horas, estará produzindo não apenas o valor correspondente ao de sua força de trabalho (que lhe é pago na forma de salário pelo capitalista), mas também um valor a mais, isto é, um valor excedente sem contrapartida, denominado *mais-valia*. É dessa fonte – o trabalho não pago – que são tirados possíveis lucros dos capitalistas (sejam eles industriais, comerciantes, agricultores, banqueiros etc.), além da terra, dos juros etc.

Marx salientou, ainda, que os fenômenos históricos são produto das relações econômicas entre os homens. Nesse panorama, Chiavenato (2003) afirma que, com a filosofia moderna, a administração deixou de receber contribuições e influências, pois o campo de estudo filosófico passou a se afastar dos problemas organizacionais. Não se pode negar, contudo, que a contribuição de Marx foi intensa, tanto pela sua obra quanto pela militância, socialismo e sindicalismo, que levaram o capitalismo do século XX a aperfeiçoar os fatores de produção e adequar a remuneração.

Contudo, na virada do século, ao contrário do que os capitalistas pensavam, a administração de uma empresa não se mostrou apenas uma questão de habilidade pessoal. Assim, muitas empresas não resistiram financeiramente, percebendo que não dependiam simplesmente de uma questão de produção, mas sim de organização de negócio.

Nesse momento, foi instaurada a era da concorrência e da competitividade, que contribuiu para o surgimento da teoria administrativa. Isso aconteceu com buscas de melhorias nas práticas empresariais, com o aparecimento do desenvolvimento tecnológico, do livre comércio, da mudança na concepção de mercado de venda para o de compra, do aumento de capital e do ponto de equilíbrio e do crescimento dos negócios.

De acordo com Chiavenato (2003), a Revolução Industrial abriu portas para a era industrial, que passou a dominar o mundo até o final do século XX. Com isso, a teoria administrativa também sofreu uma revolução conceitual, como no caso da abordagem humanística, que dá prioridade ao homem e a seu grupo social.

2.2 Teoria humanística

A teoria humanística na administração pode ser entendida como uma teoria com ênfase nas pessoas. Ela foi precedida pela administração científica, com ênfase na tarefa, e pela teoria clássica, com ênfase na estrutura organizacional.

Podemos dizer que o foco da humanística está nas pessoas e nos grupos sociais, que são a força motriz das empresas, passando dos aspectos técnicos e formais para os aspectos psicológicos e sociológicos.

A teoria humanística surgiu com o desenvolvimento das ciências sociais, entre a psicologia e a psicologia do trabalho, a partir da década de 1930 (nos Estados Unidos), e passou por duas etapas, que podem ser conferidas no Quadro 2.2, a seguir.

Quadro 2.2 – Etapas da teoria humanística

Análise do trabalho	Adaptação do trabalhador ao trabalho
- Aspecto produtivo. - Características de acordo com as tarefas. - Testes psicológicos. - Temas como seleção pessoal e orientação profissional. - Treinamento e método de aprendizagem. - Estudos dos acidentes e fadiga.	- Estudo da personalidade do trabalhador e gerente. - Motivação e incentivo ao trabalho. - Liderança e comunicação. - Relações interpessoais e sociais.

Fonte: Elaborado com base em Chiavenato, 2003.

Os panoramas sociais, políticos e econômicos contribuíram para apresentar novas variáveis para o estudo da administração. Além disso, a depressão econômica de 1929 ocasionou a busca pela eficiência dentro das organizações.

2.3 Teoria das relações humanas

A teoria das relações humanas surgiu nos Estados Unidos, sendo um movimento de reação à teoria clássica da administração[1]. Ela inseriu a integração e o comportamento social dos trabalhadores como necessidades sociais. O despertar para as relações humanas dentro das organizações, a ênfase nos comportamentos emocionais e não racionais e a importância do cargo para as pessoas passaram a se contrapor ao ambiente organizacional das empresas, que estavam mais preocupadas com a questão financeira – ou seja, maior eficiência no alcance dos

---

1   A teoria clássica da administração se caracterizava pela ênfase na estrutura que a organização deveria ter para ser eficiente em todas as suas partes (Chiavenato, 2003).

lucros. O objetivo dessa teoria, portanto, é trabalhar o conflito vindo da contradição dos objetivos da organização e dos trabalhadores por meio da mediação das duas funções da empresa: a econômica e a social. Assim, essa teoria se contrapõe à teoria clássica da administração, em que o foco era a estrutura.

A importância dos grupos nas organizações, com a teoria das relações humanas, trouxe uma variedade de nomenclaturas que passou a fazer parte das organizações. O método e a máquina deram lugar à dinâmica de grupo; saiu de cena o homem econômico para a entrada do homem social, que compreende determinados aspectos, como os indicados a seguir (Chiavenato, 2003):

- O homem social é um trabalhador complexo, dotado de sentimentos, desejos e temores.
- A motivação das pessoas se dá por intermédio das necessidades e alcançam a satisfação por meio de grupos sociais.
- O comportamento do grupo é influenciado por meio do estilo de supervisão e liderança.
- As normas sociais do grupo funcionam como reguladores do comportamento dos membros.

A teoria das relações humanas constatou que precisamos identificar as necessidades humanas, porém, o comportamento humano sofre interferência de fatores externos que fogem do seu controle. A causa dessa interferência nem sempre se passa num nível de consciência, já que às vezes a resposta vem pela própria dinâmica social e de interação que se estabelece no meio organizacional.

Dizemos que o homem é um ser dotado de necessidades que, ao serem satisfeitas, passam a desencadear outras necessidades e assim sucessivamente. Segundo Chiavenato (2003), em sua vida, o homem evolui ou passa por três níveis ou estágios de motivação. Esses estágios são passados de acordo com o grau de crescimento e amadurecimento e correspondem a necessidades fisiológicas, psicológicas e de autorrealização.

Quadro 2.3 – Necessidades humanas

Fisiológicas	Psicológicas	Autorrealização
- São as necessidades vitais – relativas à sobrevivência. - São também comuns aos animais. - As mais comuns são: comer, dormir, atividade física, satisfação sexual, abrigo e proteção.	- São necessidades secundárias (exclusivas do homem). - São adquiridas e aprendidas no decorrer da vida. - Representam um padrão mais elevado e complexo de necessidades. As principais necessidades são: - segurança íntima (autodefesa); - participação (contato com outros humanos); - autoconfiança (como o indivíduo se vê e se avalia); - afeição (dar e receber afeto).	- São as necessidades mais elevadas. - Necessitam de educação e cultura. - Raramente são satisfeitas em sua plenitude. - Sempre há procura por maiores satisfações por meio de metas crescentes e sofisticadas.

Fonte: Elaborado com base em Chiavenato, 2003.

Dentro dessa concepção, com base no aporte teórico da psicologia, todo ser humano é motivado. A motivação, segundo Chiavenato (2003), é a tensão persistente que leva o indivíduo a alguma forma de comportamento visando à satisfação de uma ou mais necessidades. A partir daí, utilizamos o termo *ciclo motivacional* para descrever que todo ser humano permanece em equilíbrio psicológico até que um estímulo rompa e crie uma necessidade. Entretanto, nem sempre uma necessidade é suprida de maneira plena e satisfatória. Nela, pode haver uma barreira, e toda vez que essa barreira é acionada ocorre a frustração, que mantém um estado de desequilíbrio e tensão. Além delas, o ciclo motivacional também pode ter a compensação ou a transferência, que nada mais é do que a compensação ou a transferência de uma necessidade impossível por outra possível, complementar ou substituta. Toda necessidade satisfeita produz um comportamento, como podemos verificar na Figura 2.1.

Figura 2.1 – Ciclo da necessidade satisfeita

Equilíbrio → Estímulo ou incentivo → Necessidade → Tensão → Comportamento ou ação → Satisfação → (Equilíbrio)

Fonte: Adaptado de Chiavenato, 2003, p. 119.

Como podemos observar na Figura 2.1, as ações são desencadeadas num processo que deve resultar em satisfação. Para isso, é necessário o equilíbrio e o estímulo ou incentivo, que são traduzidos como necessidade, a qual, por sua vez, leva a uma tensão. Se essa tensão é amenizada, isso produz um comportamento ou uma ação que leva à satisfação e, assim, o ciclo é iniciado novamente. É válido ressaltar que esse processo todo depende de a necessidade ser satisfeita e a tensão amenizada, do contrário, os comportamentos e as ações serão diferentes e não gerarão satisfação.

Toda necessidade não satisfeita gera frustração ou compensação, conforme podemos verificar na Figura 2.2.

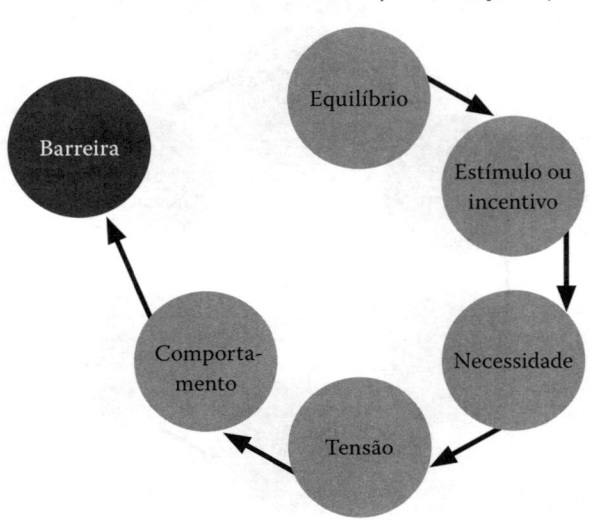

Figura 2.2 – Ciclo das necessidades com frustração ou compensação

```
         Equilíbrio
                    ↘
  Barreira            Estímulo ou
                      incentivo
       ↑                    ↓
  Comporta-           Necessidade
   mento
        ↖  Tensão  ↙
```

Fonte: Adaptado de Chiavenato, 2003, p. 120.

A Figura 2.2 evidencia que, ao nos depararmos com uma barreira ante o ato de satisfazer nossas necessidades, ao invés de termos um sentimento agradável de realização do esperado, surge um sentimento de tensão, que pode tanto nos levar à frustração quanto a compensações por não termos conseguido cumprir o planejado.

Outro aspecto relevante na teoria das relações humanas é a liderança, que é importante em qualquer uma das etapas de uma organização. Ela tem um papel fundamental em qualquer área da administração. O líder surge como um meio para a consecução dos objetivos desejados por um grupo e, assim, aparece como um estrategista que sabe indicar os rumos para as pessoas (Chiavenato, 2003).

Há três grupos de teorias sobre liderança, cada um com características próprias, como é possível observar a seguir (Chiavenato, 2003).

- **Teoria dos traços de personalidade**: Características marcantes da personalidade do líder.
- **Teoria dos estilos de liderança**: Maneira e estilo de comportamento adotados pelo líder.
- **Teorias situacionais de liderança**: Adequação do comportamento do líder às circunstâncias da situação.

Falaremos agora sobre cada uma dessas teorias, para que possamos compreender o movimento realizado pelos teóricos da administração e as complexas abordagens utilizadas para dar conta de ações e operações administrativas. Essa gama teórica evidencia as mudanças e turbulências de um mundo em constante transformação que necessita de opções que possam dar conta das situações em constante movimento.

2.3.1 Teoria dos traços de personalidade

A teoria dos traços de personalidade é uma das mais antigas a respeito da liderança. Chiavenato (2003) diz que um *traço* é uma qualidade ou característica distintiva da personalidade. Para essa teoria, o líder se diferencia dos demais, podendo, assim, influenciar o comportamento das pessoas. Ele deve inspirar confiança e ser inteligente, perceptivo e decisivo.

Essa teoria, no entanto, também gerou alguns descréditos, pois os aspectos dos traços de personalidade não se apresentam da mesma forma para todos os líderes. Além disso, a reação dos subordinados não foi levada em consideração.

2.3.2 Teoria dos estilos de lideranças

A teoria dos estilos de liderança estuda o comportamento dos líderes (ou os tipos de líderes) em relação aos seus subordinados. A teoria destaca três tipos de liderança:

1. **Autocrática**: O líder centraliza as decisões.
2. **Democrática**: O líder conduz o grupo, incentivando a participação das pessoas.
3. **Liberal**: O líder delega todas as decisões ao grupo, sem comando algum.

Figura 2.3 – Tipos de líderes – autocrático

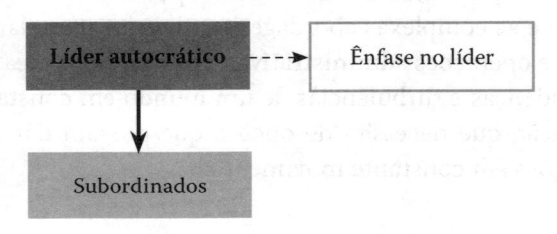

Líder autocrático ----> Ênfase no líder

Subordinados

Fonte: Elaborado com base em Chiavenato, 2003.

Podemos observar na Figura 2.3 que o líder autocrático centraliza sua autoridade em si próprio. Já o líder democrático opera como um facilitador de tarefas e mediador, sendo a ênfase tanto nele quanto nos subordinados, como podemos observar na Figura 2.4.

Figura 2.4 – Tipos de líderes – democrático

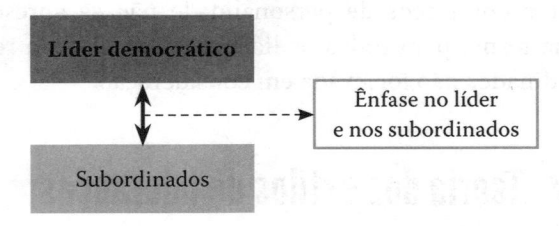

Líder democrático

Subordinados

Ênfase no líder e nos subordinados

Fonte: Elaborado com base em Chiavenato, 2003.

Por último, podemos ver na Figura 2.5 que o líder liberal deixa que as decisões sejam tomadas pelos próprios subordinados.

Figura 2.5 – Tipos de líderes – liberal

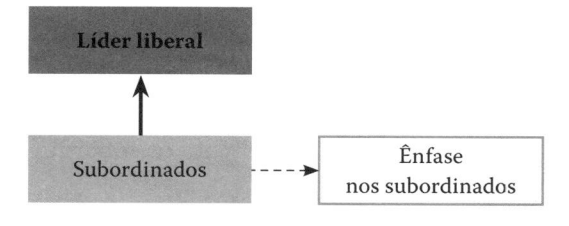

```
         ┌──────────────┐
         │ Líder liberal│
         └──────▲───────┘
                │
┌──────────────┐      ┌──────────────────┐
│ Subordinados │----->│     Ênfase       │
│              │      │ nos subordinados │
└──────────────┘      └──────────────────┘
```

Fonte: Elaborado com base em Chiavenato, 2003.

Apresentados os três tipos de líder, veremos a seguir a teoria situacional de liderança.

2.3.3 Teoria situacional de liderança

A teoria situacional de liderança explica a relação dos líderes num contexto mais amplo, uma vez que não existe um único tipo de liderança que dê conta de todas as situações. Assim, cada situação requer um tipo de liderança, enfoque que agrada os administradores, que assim têm mais opções para enfrentar as situações. Chiavenato (2003, p. 127) diz que "a localização de um líder depende da posição estratégica que ele ocupa dentro da cadeia de comunicações e não apenas de suas características de personalidade".

Ainda de acordo com o mesmo autor, a abordagem situacional pode inferir as seguintes proposições:

> a. Quando as tarefas são rotineiras e repetitivas, a liderança é limitada e sujeita a controles pelo chefe, que passa a adotar um padrão de liderança [...].
>
> b. Um líder pode assumir diferentes padrões de liderança para cada um de seus subordinados, de acordo com as forças anteriores.
>
> c. Para um mesmo subordinado, o líder também pode assumir diferentes padrões de liderança, conforme a situação envolvida. Em situações em que o subordinado apresenta alto nível de eficiência, o líder pode dar-lhe maior liberdade nas decisões, mas se o subordinado.

apresenta erros seguidos e imperdoáveis, o líder pode impor-lhe maior autoridade pessoal e menor liberdade de trabalho. (Chiavenato, 2003, p. 127-128)

Dessa forma, cada tipo de comportamento desempenhado na organização é pertinente ao grau de autoridade utilizado pelo líder e ao grau de liberdade disponível para os subordinados, obedecendo os padrões de liderança.

As experiências sobre liderança, conforme Chiavenato (2003), oportunizaram a atenção em ouvir e aprender em reuniões de grupo e avaliar os problemas das comunicações entre grupos nas empresas, uma vez que foram identificadas falhas na emissão e na recepção de mensagens dentro das organizações.

Na teoria das relações humanas, a comunicação é tratada como fenômeno social. Apesar de inúmeras pesquisas nas organizações a respeito das redes de comunicação, chegou-se à conclusão de que não há um único tipo de comunicação que deva ser adotado pelas organizações, uma vez que dados e informações são intercambiados entre os membros com base em diversos objetivos e propósitos. O efeito de diferentes padrões de comunicação sobre as pessoas indica de que forma as organizações estão se comunicando, como podemos ver no Quadro 2.4.

Quadro 2.4 – Padrões de comunicação

Redes de comunicação			
Características	Roda	Cadeia	Círculo
Rapidez de influenciação	Rápida	Rápida	Lenta
Acuracidade	Boa	Boa	Pobre

(continua)

(Quadro 2.4 – conclusão)

Ênfase do líder	Muito pronunciada	Marcante	Nenhuma
Moral	Muito pobre	Pobre	Muito boa
Flexibilidade (mudança cargo)	Lenta	Lenta	Muito rápida

Fonte: Adaptado de Chiavenato, 2003, p. 130.

A comunicação proporciona oportunidade de participação das pessoas nas organizações por intermédio de opiniões, contribuições e críticas, de acordo com o comprometimento de cada um na empresa.

2.4 Teoria comportamental

A teoria comportamental na administração ocorreu por intermédio dos estudos de Kurt Lewin na fase inicial da teoria das relações humanas. Depois, passou a ter influência da sociologia funcional de grupo e do comportamento administrativo, mas veio a se desenvolver mesmo na década de 1950, nos Estados Unidos. Essa teoria marcou forte influência das ciências do comportamento na teoria administrativa, buscando novas soluções democráticas, humanas e flexíveis para os problemas organizacionais.

Vale ressaltar que a palavra *comportamento*, nesse contexto, refere-se à forma como o indivíduo ou uma organização age ou reage às interações, dando respostas ao meio ambiente. Surge, assim, o termo para explicar o comportamento organizacional.

Para poder explicar como as pessoas se comportam, é necessário realizar o estudo da motivação humana. Nesse sentido, Maslow (1943) criou a **teoria da motivação**, segundo a qual as necessidades humanas estão dispostas em níveis, numa hierarquia de importância e de influência. Seriam elas: necessidades fisiológicas, de vital importância para o ser humano (como sono e alimentação); necessidade de segurança (proteção); necessidades sociais (participação); necessidade de estima (autoavaliação, apreciação e estima); necessidade de autorrealização (realização do potencial, constante aperfeiçoamento).

Essas necessidades são vividas pelos indivíduos de forma idiossincrática. Veja a seguir a Figura 2.6.

Figura 2.6 – Necessidades humanas segundo Maslow

Necessidades de autorrealização
Necessidades de estima
Necessidades sociais
} Necessidades secundárias

Necessidades de segurança
Necessidades fisiológicas
} Necessidades primárias

Fonte: Maslow, 1943, citado por Chiavenato, 2003, p. 331.

Outra teoria nessa mesma vertente é a teoria de dois fatores de Herzberg (1959)[2] para explicar o comportamento das pessoas no trabalho. O autor destaca dois fatores: os extrínsecos e os intrínsecos (Chiavenato, 2003).

Os **fatores extrínsecos** (fatores higiênicos) são relacionados ao ambiente de trabalho, às condições nas quais alguém desempenha seu trabalho. Os principais fatores higiênicos são: salário, benefícios sociais, tipo de chefia ou supervisão que as pessoas recebem de seus superiores, condições físicas e ambientais de

---

2 Frederick Herzberg é psicólogo, consultor americano e professor de Administração da Universidade Utah.

trabalho, políticas e diretrizes da empresa e clima de relacionamento entre a empresa e os funcionários (Chiavenato, 2003). Já os **fatores intrínsecos**, chamados de *fatores motivacionais*, relacionam-se com o conteúdo do cargo e a natureza das tarefas que a pessoa executa. O efeito dos fatores motivacionais sobre as pessoas é profundo e estável. Quando os fatores motivacionais são ótimos, eles provocam a satisfação nas pessoas; quando são precários, eles não proporcionam satisfação (Chiavenato, 2003).

Chiavenato (2003) aponta que os fatores higiênicos e motivacionais são independentes e não se vinculam entre si. Os fatores responsáveis pela satisfação profissional das pessoas são totalmente desligados e distintos dos fatores responsáveis pela insatisfação profissional. O oposto da satisfação profissional não é a insatisfação, mas a ausência de satisfação profissional, assim como o oposto da insatisfação profissional é a ausência dela, e não a satisfação. Observe o Quadro 2.5.

Quadro 2.5 – Fatores motivacionais fatores higiênicos

Fatores motivacionais (satisfacientes)	Fatores higiênicos (insatisfacientes)
Conteúdo de cargo (como a pessoa se sente em relação a seu cargo)	Contexto de cargo (como a pessoa se sente em relação à sua empresa)
Trabalho em si	Condições de trabalho
Realização	Administração de empresa
Reconhecimento	Salário
Progresso profissional	Relações com o supervisor
Responsabilidade	Benefícios e serviços sociais

Fonte: Adaptado de Chiavenato, 2003, p. 334.

Assim, a teoria comportamental não se baseia em apenas em um estilo de administração, afinal, cada administrador escolhe a que melhor se adapta ao seu estilo de direção. Ele sempre deve levar em consideração o comportamento das pessoas dentro das empresas e as convicções que tem em relação ao comportamento humano. Chiavenato (2003) indica que essas convicções moldam não apenas a maneira de conduzir as pessoas, mas também a maneira pela qual se divide o trabalho e se planejam, organizam e controlam as atividades.

2.5 Teoria do desenvolvimento organizacional

A teoria do desenvolvimento organizacional (DO) é outra vertente que os gestores podem utilizar no exercício de suas funções. Essa teoria nasceu na década de 1960, em função das mudanças nas estruturas organizacionais. Foram as suas bases que formaram as teorias comportamentais e as dinâmicas de grupo. O conceito do DO está relacionado à mudança e à capacidade das organizações em se adaptarem às mudanças.

A teoria aborda a organização como um todo, alicerçada pela abordagem dos sistemas. Apresenta, ainda, novos conceitos, como o de *cultura organizacional*, que é o conjunto de hábitos, crenças, tradições, interações e relacionamentos sociais típicos de cada organização.

Chiavenato (2003) mostra que a cultura organizacional representa as normas informais e não escritas que orientam o comportamento dos membros da organização no dia a dia e direcionam suas ações para a realização dos objetivos organizacionais. Cada organização tem sua própria cultura corporativa.

Outro conceito importante é o de *mudança organizacional*, que é a transição de uma situação para outra. Porém, a mudança implica ruptura, transformação, perturbação e interrupção. Desse modo, as organizações também necessitam estar em constante adaptação para poder dar conta das situações apresentadas, condição básica de sobrevivência ditada pelo mundo, que anda em constante mudança – ou seja, adaptação, renovação e revitalização significam *mudança*.

A teoria do DO apresenta seu processo constituído de três partes, que são:

1. **Coleta de dados**: O primeiro passo é o levantamento das situações organizacionais que necessitam de mudanças estruturais. O segundo é o levantamento das situações grupais que merecem mudanças estruturais e comportamentais. O terceiro passo é o levantamento das situações entre participantes e organização nas quais devem haver mudanças comportamentais.
2. **Diagnóstico organizacional**: Com o diagnóstico da organização baseado na coleta de dados é que vai ser apontada a direção, que deve sempre partir da situação real para a desejada.
3. **Ação de intervenção**: Trabalho em direção à mudança, generalização e estabilização da mudança, com alcance da alteração requerida. As ações para isso são intervencionais e podem ser de natureza:
   - educacional – mudar as expectativas do contribuinte;
   - organizacional – mudar a estrutura organizacional, a divisão do trabalho, a rede de comunicação;
   - transacional – mudar o contrato psicológico de contribuição e incentivo.

A Figura 2.7 a seguir apresenta o processo de DO em uma base contínua.

Figura 2.7 – Processo de diagnóstico da organização

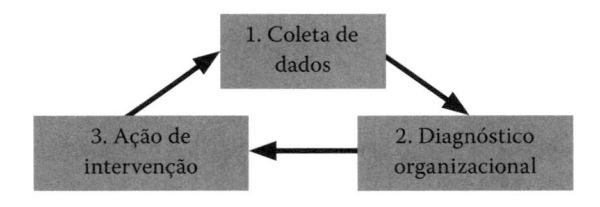

1. Coleta de dados → 2. Diagnóstico organizacional → 3. Ação de intervenção → (ciclo)

Fonte: Adaptado de Chiavenato, 2003, p. 386.

Essa teoria também conta com diversas técnicas de relacionamento interpessoal, grupal, intergrupal e organizacional, como: treinamento da sensitividade, análise transacional, consultoria de processos, desenvolvimento de equipes, reunião de confrontação e suprimento de informações.

Chiavenato (2003) indica que, muito embora pareça uma moda passageira na teoria administrativa, o DO é uma alternativa democrática e participativa de grande interessante para a renovação e a revitalização das organizações, não podendo ser desprezada.

2.6 Abordagem sistêmica da administração

Em 1950, o biólogo alemão Ludwig Bertalanffy procurou elaborar uma teoria que ultrapassasse os problemas específicos da ciência, considerando a especificidade de cada área, mas que ainda assim fosse interdisciplinar. O teórico deu para ela o nome de *teoria geral dos sistemas* (TGS).

Trata-se de uma teoria que analisa os fenômenos na sua totalidade, de forma que estes não podem ser vistos separadamente ou por meio de cada uma das partes, pois tudo está interligado. Assim, passa-se a ver o objeto de estudo como um sistema. A teoria geral dos sistemas tem três princípios:

1. **Expansionismo**: Independentemente de os fenômenos serem formados por partes, é preciso focar no todo, pois as partes integram um todo maior.
2. **Pensamento sintético**: Pensamento que é visto na interação das partes com o sistema maior, ou seja, apesar de constituírem um todo, cada parte tem seu papel específico.
3. **Teleologia**: Estudo do comportamento para atingir os objetivos. A relação de causa e efeito é apenas uma probabilidade,

não sendo determinista. Ela ultrapassa a noção de causa e efeito, vendo as inter-relações de diversas formas mediante as forças que atuam entre si.

Com esses princípios, a TGS permitiu o surgimento da cibernética e se estendeu até a teoria geral da administração, reformulando conceitos. Assim, a teoria administrativa começou a pensar sistemicamente. Chianevato (2003) aponta que a cibernética surgiu como uma ciência interdisciplinar para relacionar todas as ciências e preencher lacunas antes deixadas, permitindo a utilização desse saber.

Podemos dizer que a ideia da cibernética é juntar, e não separar. Ela ampliou seu campo de atuação a partir da teoria dos sistemas e da teoria da comunicação. Assim, seu início se deu com a criação da máquina e dos sistema autorreguláveis. Depois, ela ampliou sua atuação para outras áreas, como a sociologia e a psicologia, chegando à área administrativa. Os conceitos desenvolvidos pela cibernética são hoje amplamente utilizados na teoria administrativa – por exemplo, noções de *sistema*[3], *retroação*[4], *homeostasia*[5], *comunicação* e *autocontrole* fazem parte da linguagem utilizada na administração até hoje (Chiavenato, 2003).

Percebemos, assim, que a teoria da informação proporciona uma visão ampliada dos fenômenos de informação e comunicação dentro das organizações, uma vez que hoje o capital não se refere somente à área financeira, mas também à informação, à rede

---

3 *Sistema* é um conjunto de elementos dinamicamente relacionados, formando uma atividade para atingir um objetivo, operando sobre dados/energia/matéria para fornecer informação/energia/matéria.

4 *Retroação* é um mecanismo segundo o qual uma parte da energia de saída de um sistema ou de uma máquina volta à entrada. A retroação, também chamada de *retroalimentação* ou *realimentação*, é um subsistema de comunicação de retorno proporcionado pela saída do sistema a sua entrada, no sentido de alterá-la de alguma maneira.

5 *Homeostasia* é um equilíbrio dinâmico obtido pela autorregulação, ou seja, pelo autocontrole. É a capacidade que o sistema tem de manter certas variáveis dentro de limites, mesmo quando os estímulos do meio externo forçam essas variáveis a assumirem valores que ultrapassam os limites da normalidade.

de computadores e à internet. De modo geral, a informática é a responsável pela reestruturação do capitalismo, pois é ela que dinamiza os processos de competitividade, produtividade, circulação de mercadorias e administração das organizações, além de impulsionar a globalização do mercado, o que não seria possível sem a rede de conexões do mundo.

2.7 Teoria contingencial

Para Chiavenato (2003), a palavra *contingência* significa algo incerto ou eventual, que pode ocorrer ou não, dependendo das circunstâncias. Na abordagem da teoria contingencial, não se alcança eficácia organizacional seguindo um único modelo organizacional, ou seja, uma organização com ambientes e situações variadas não pode dispor de um único modelo para alcançar os diversos objetivos da empresa.

Estudos sobre empresas complexas apontam que a estrutura da organização e seu funcionamento são interdependentes do meio ambiente externo. Dessa maneira, diferentes ambientes solicitam diferentes organizações. Essa teoria representa um passo além da teoria dos sistemas na administração, pois a organização é vista como um sistema composto por vários outros sistemas, definidos por limites que identificam o suprasistema ambiental.

Trata-se, portanto, de uma teoria que analisa a relação entre os próprios sistemas e entre eles e o ambiente externo. Destacamos que nessa teoria não há nada absoluto, afinal, tudo é relativo. Existe uma relação funcional entre as condições do ambiente e as técnicas administrativas.

Sendo assim, as **ações administrativas** e as **características situacionais** são contingentes na obtenção dos resultados organizacionais (Chiavenato, 2003).

A teoria da contingência tem na tecnologia uma das variáveis que condiciona a estrutura e o comportamento organizacional. Essa teoria parte de modelos organizacionais mais flexíveis e orgânicos, como a estrutura matricial, a estrutura em redes e a estrutura em equipes, e ressalta o homem complexo e as abordagens de motivação e liderança. Em vários momentos, essa teoria se apresenta muito mais como uma leitura de mundo do que como uma teoria administrativa (Chiavenato, 2003).

2.8 Teoria da qualidade total

Pensar na teoria da qualidade total é pensar em melhorias contínuas.

A qualidade total conduz o pensamento de toda a organização, por todos os setores, em um movimento contínuo de melhoramento, a fim de obter excelência na qualidade de produtos e processos. O objetivo dessa vertente é agregar valor continuamente. Observe a Figura 2.8.

Figura 2.8 – O processo de melhoria da qualidade

1. Escolher uma área de trabalho
2. Organizar a equipe de melhoria da qualidade
3. Identificar *benchmarks* (padrão de excelência)
4. Analisar o desempenho do método atual
5. Desenvolver um estudo piloto
6. Administrar a implementação das melhorias

Fonte: Chiavenato, 2003.

A qualidade traz em sua base o foco das ações no interior de cada indivíduo, sendo que a mudança tem que ser de postura, de dentro para fora. Isso ocorre porque cada pessoa deve ser responsável pelo seu desempenho dentro da organização.

> O gerenciamento da qualidade total *(Total Quality Management – TQM)* é um conceito de controle que atribui às pessoas, e não somente aos gerentes e dirigentes, a responsabilidade pelo alcance de padrões de qualidade. O tema central da qualidade total é bastante simples: a obrigação de alcançar qualidade está nas pessoas que a produzem. Os funcionários e não os gerentes são os responsáveis pelo alcance de elevados padrões de qualidade. Com isso, o controle burocrático – rígido, unitário e centralizador – cede lugar para o controle pelas pessoas envolvidas – solto, coletivo e descentralizado. (Chiavenato, 2003, p. 582, grifo do original)

> Para que ocorra essa responsabilidade, a qualidade está baseada no empoderamento (*empowerment*) das pessoas, o que significa que os funcionários terão autoridade para tomar decisões e habilidade para negociação (essas ações deixam de ficar concentradas no gerente). É importante centrar a atenção nas ações que levam em conta os dez mandamentos.

Os dez mandamentos da qualidade total, de acordo com Chiavenato (2003), são:

1. **Satisfação do cliente**: O cliente é a pessoa mais importante da organização.
2. **Delegação**: É preciso saber delegar competência.
3. **Gerência**: Liderar não significa impor ou controlar.
4. **Melhoria contínua**: Mudanças devem acontecer sempre que forem necessárias.
5. **Desenvolvimento das pessoas**: Trata-se de um espaço de aperfeiçoamento.
6. **Disseminação de informação**: Todos devem saber os objetivos, os planos e as metas.
7. **Não aceitação de erro**: A meta de desempenho é erro zero.
8. **Constância de propósito**: É preciso ter planejamento participativo para todos os objetivos e metas.
9. **Garantia de qualidade**: Planejamento, organização e sistematização de processos são essenciais.
10. **Gerência de processos**: É necessário promover eficiência e eficácia no resultado final por meio de conceitos de cadeia/fornecedor claros e precisos.

Esses são os mandamentos que embasam a teoria da qualidade total, cujo foco está na motivação de cada um para desempenhar sua ação com comprometimento, a fim de atingir a qualidade da organização. Existem alguns passos preestabelecidos para que essa meta seja atingida. Observe a seguir a Figura 2.9.

Figura 2.9 – Passos da qualidade

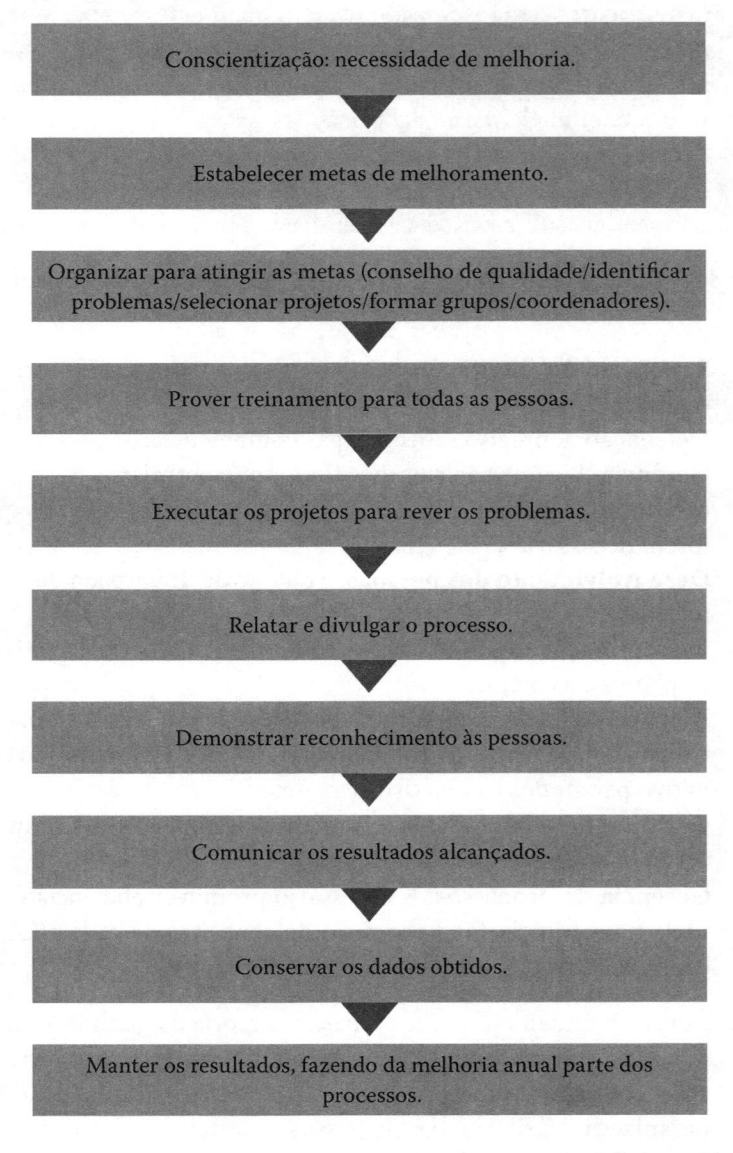

- Conscientização: necessidade de melhoria.
- Estabelecer metas de melhoramento.
- Organizar para atingir as metas (conselho de qualidade/identificar problemas/selecionar projetos/formar grupos/coordenadores).
- Prover treinamento para todas as pessoas.
- Executar os projetos para rever os problemas.
- Relatar e divulgar o processo.
- Demonstrar reconhecimento às pessoas.
- Comunicar os resultados alcançados.
- Conservar os dados obtidos.
- Manter os resultados, fazendo da melhoria anual parte dos processos.

Fonte: Elaborado com base em Chianenato, 2003.

A gestão passa por diferentes momentos, acompanhando o ciclo da sociedade contemporânea. Por isso, ela está em constante processo de mudança e aperfeiçoamento, uma vez que as organizações são sistemas complexos que se organizam/desorganizam de acordo com o movimento societário. Isso faz com que influenciem e sofram influência do meio em que vivem. Assim, uma pequena modificação em um ambiente pode provocar grandes modificações em outros e vice-versa. E a área administrativa não fica imune, pois acontecimentos na biologia no século XIX, bem como na física no início do século XX, estão produzindo intensa influência na teoria administrativa no início do século XXI, como a teoria do caos e a teoria da complexidade.

Além disso, surgem as novas abordagens da administração, que não são uma teoria propriamente dita, mas estão alterando a forma de relação com o meio no qual estão inseridas. É o caso da responsabilidade social, que descreveremos a seguir.

2.9 Responsabilidade social

A responsabilidade social, segundo Chiavenato (2003), pode ser denominada pelo grau de obrigações que uma organização assume por meio de ações e políticas que protejam e melhorem o bem-estar da sociedade, à medida que esta procura atingir seus próprios interesses. Nesse sentido, os gestores devem atingir objetivos organizacionais e objetivos societários.

Uma organização socialmente responsável tem como obrigações:

- incorporar objetivos sociais no planejamento;
- utilizar normas comparativas de outras organizações em seus programas;

※ apresentar relatórios demonstrativos a respeito da responsabilidade social;
※ experimentar diferentes abordagens e retornos sociais em seus programas.

Existem diferentes modelos de responsabilidade social, uma vez que a organização, de alguma forma, produz mudanças no seu entorno. Porém, faz pouco tempo que as organizações começaram a pensar nas obrigações sociais. Isso não foi uma demanda espontânea, mas um movimento ecológico e de defesa do consumidor, que começou a cobrar mais ações que relacionassem organização e sociedade.

As empresas devem ser cobradas e avaliadas em relação à responsabilidade social, mostrando sua inserção na sociedade e o que isso está trazendo de benefícios para o meio em que estão inseridas. A prestação de contas deve ir além dos balanços contábeis tradicionais, assim como aparecer por meio de balanços sociais e ambientais de alcance externo, produzindo transparência para a sociedade e para as gerações futuras.

Síntese

Neste capítulo, a principal temática foi a gestão privada e as principais teorias que compõem esse universo. Falamos sobre as teorias da administração e seus principais usos e focos, identificando-as como processo de reprodução das relações sociais na sociedade capitalista; sobre a teoria humanística e o foco no indivíduo; sobre a teoria das relações humanas e suas derivadas, com ênfase nos comportamentos emocionais e não racionais nas organizações, mostrando que o indivíduo ou uma organização age ou reage às interações, dando respostas ao meio; sobre a teoria comportamental como busca de novas soluções democráticas, humanas e flexíveis para os problemas organizacionais; sobre a teoria do desenvolvimento organizacional como base formadora das teorias comportamentais e das dinâmicas de grupo, compreendendo-a de forma relacionada à mudança e à capacidade das organizações em se adaptarem às mudanças;

sobre a teoria contingencial e o tratamento da eficácia organizacional; sobre a teoria da qualidade total e a melhoria contínua; sobre as abordagens sistêmicas da administração; e sobre a responsabilidade social nas organizações. Abordamos cada uma dessas teorias aqui porque, como vimos no decorrer do capítulo, contemporaneamente, são essas teorias que compõem as práticas nas empresas privadas e também os estudos na área da administração. As organizações compõem o mundo na atualidade e, com isso, a forma de relações entre produtos e pessoas — estas vivem seu ciclo evolutivo inseridas numa organização, seja ela social ou econômica, seja política ou religiosa.

Por meio de nossos estudos, podemos concluir que a era da informação está provocando na sociedade novas formas de abordagem e de busca pelo conhecimento, focalizando a gestão na era do conhecimento e do capital intelectual. Esses são fatores importantes para o desenvolvimento da sociedade atual, que tem em seu bojo mudanças rápidas e inesperadas instigadas pelas novas tecnologias e pela complexidade dos processos organizacionais que demandam novos olhares e novas formas de gestão.

Questões para revisão

1. Sobre as principais teorias da administração, marque as alternativas a seguir como verdadeiras (V) ou falsas (F):
   ( ) Podemos dizer que a teoria humanística da administração pode ser entendida como uma teoria com ênfase nas pessoas e nos grupos sociais, que são a força motriz das empresas.
   ( ) A teoria comportamental foi a base de criação da teoria motivacional, pois, para poder explicar como as pessoas se comportam, é necessário o estudo da motivação humana.
   ( ) A teoria sistêmica visa separar detalhadamente cada um dos fenômenos de uma organização, de forma que possam ser vistos separadamente ou por meio de cada uma das partes, pois isso facilita a tomada de decisões.

( ) Na teoria da qualidade total, a palavra *qualidade* traz em sua base o foco das ações no interior de cada indivíduo, sendo que a mudança tem que ser de postura, de dentro para fora. Isso ocorre porque cada pessoa deve ser responsável pelo seu desempenho dentro da organização.

Agora, assinale a alternativa que corresponde à sequência correta:
a) V, V, F, V.
b) V, V, V, V.
c) V, F, F, V.
d) F, V, F, F.

2. Descreva brevemente a responsabilidade social e os passos para que ela esteja inserida na empresa.

3. Descreva os 10 mandamentos da qualidade total e por que eles são importantes.

4. Tendo por base a leitura deste capítulo, marque as afirmativas a seguir como verdadeiras (V) ou falsas (F):

( ) Karl Marx e Frederich Engel, criadores do socialismo científico e do materialismo histórico, propuseram uma teoria da origem econômica do Estado. Para os autores, o poder econômico e político nada mais era do que o poder do homem pelo homem, de forma que ambos defendiam piamente o capitalismo.

( ) De acordo com as teorias sobre traços de personalidade, o líder se diferencia dos demais colaboradores da empresa, podendo, assim, influenciar o comportamento das pessoas. Ele deve inspirar confiança, sendo inteligente, perceptivo e decisivo.

( ) A teoria do desenvolvimento organizacional analisa a organização como um todo, alicerçada pela abordagem dos sistemas, e apresenta seu processo contínuo dividido em três partes, que são: coleta de dados, diagnóstico organizacional e ação de intervenção.

( ) Na teoria contingencial, a organização é vista como um sistema composto por si mesmo, definido por limites restritos que o alienam do suprasistema ambiental. Trata-se, portanto, de uma teoria que analisa apenas a relação entre os próprios sistemas dentro da empresa.

Agora, assinale a alternativa que corresponde à sequência correta:
a) V, V, V, F.
b) F, F, V, F.
c) F, V, V, F.
d) F, V, V, V.

5. Todos sabemos que a liderança é um elemento-chave da gestão. Sobre esse tema, assinale a alternativa correta:

a) As teorias sobre liderança estudam o comportamento dos subordinados em relação aos líderes a fim de criar estratégias para adequá-los à liderança em questão.

b) Na liderança chamada *liberal*, o líder delega todas as decisões ao grupo, sem comando nenhum, mas nunca de forma que a palavra final venha dos subordinados. A tomada de decisão efetiva é centralizada no líder.

c) Na liderança chamada *autocrática*, o líder delega decisões, mas a autoridade é centralizada somente nele.

d) Na liderança chamada *democrática*, existe um compartilhamento entre o líder e os subordinados, ou seja, o líder conduz o grupo incentivando a participação das pessoas.

Questão para reflexão

Tendo analisado, neste capítulo, as várias teorias sobre administração, e sabendo que elas são muito mais usadas no setor privado, crie um texto reflexivo analisando qual delas pode ser usada de melhor forma no serviço social propriamente dito. Aborde como a teoria que você escolheu, ou a combinação de mais de uma, pode estar relacionada ao dia a dia do serviço social e faça, também, uma análise dos tipos de liderança nesse contexto.

Para saber mais

KWASNICKA, E. L. **Teoria geral da administração**: uma síntese. 3. ed. São Paulo, Atlas, 2003.

Nessa obra, Eunice Lacava Kwasnicka aborda a evolução histórica da administração, mostrando e exemplificando como os conceitos dessa ciência foram substituídos ao longo dos anos. Além disso, a autora aponta os fatores que favoreceram essas mudanças. No livro, essa abordagem ocorre por meio do estudo da evolução histórica dos povos e suas tecnologias e conceitos e pela abordagem de campos específicos da administração.

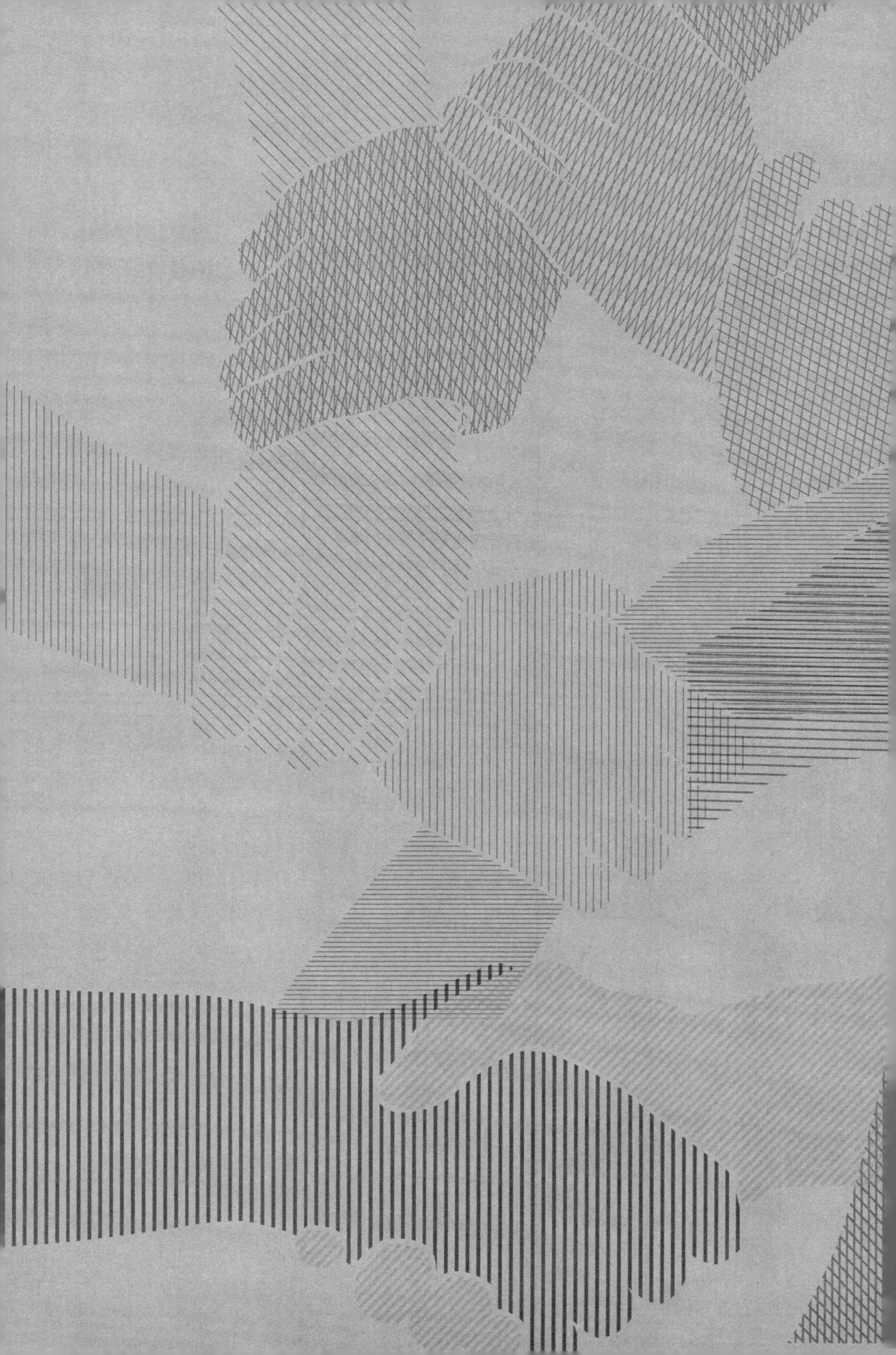

CAPÍTULO 3

Gestão pública

Conteúdos do capítulo:

- Gestão pública e suas características no Brasil.
- Definição, princípios, caracterização e estrutura administrativa da gestão pública.
- Orçamento, planejamento e gestão orçamentária da gestão pública.
- Gestão fiscal responsável.

Após o estudo deste capítulo, você será capaz de:

1. identificar as formas de gestão dos serviços públicos oferecidos à sociedade;
2. compreender o conceito de gestão pública;
3. entender fatores ligados ao orçamento, ao planejamento e à gestão orçamentária da gestão pública;
4. apontar as leis de gestão orçamentária;
5. conceituar gestão fiscal responsável.

A dinamicidade sociopolítica do sistema capitalista apresenta grandes transformações nas áreas econômicas e sociais, afetando sobremaneira o cotidiano da população, uma vez que existem desigualdades entre os desenvolvimentos econômico e social, ou seja, entre as forças produtivas e as relações sociais. Nesse panorama, a mundialização do capital é reforçada pelos avanços tecnológicos, evidenciando o aumento de trabalhadores que se encontram cada vez mais distantes do mercado de trabalho, visto o processo globalizado da economia.

Esse processo contribui para que uma parcela da população permaneça excluída do acesso a bens e serviços, tornando-se cada vez mais vulnerável. Assim, sem qualificação necessária e sem meios para enfrentar o mercado, essas pessoas vão sendo postas de lado, restando-lhes o trabalho parcial, temporário e precário, decorrentes da regressão dos direitos sociais. São, portanto, os últimos que conseguem empregos e os primeiros a perdê-los, o que ressalta o acelerado processo de empobrecimento da população.

Dessa forma, as desigualdades são cada vez mais agravadas e diversificadas, sendo expressas por meio das lutas e reivindicações pelos diferentes segmentos da sociedade em torno dos direitos à saúde, à habitação, à educação ou outros.

Neste capítulo, apresentaremos aspectos da gestão pública que embasam as ações do Estado e sua delimitação de funções referente à sociedade, uma vez que este reduziu seu tamanho, por meio de programas de privatização/terceirização, transferindo para o Poder Público não estatal os serviços sociais que, antes, eram prestados pelo Estado.

3.1 Gestão pública e suas características no Brasil

O Estado e a economia, conforme Ianni (1992), atendem ao chamado *capitalismo financeiro*. Nele, os investimentos especulativos são favorecidos em detrimento da produção, reduzindo os níveis de emprego e agravando a questão social. Isso faz com que se alterem as formas de produção e de gestão do trabalho, o que exige novas reconfigurações até mesmo na gestão pública.

Nesse sentido, há mudanças radicais nas relações entre o Estado e a sociedade civil, orientadas pelos apelos neoliberais e traduzidas nas políticas sociais, que acabam sendo compensatórias em vez de emancipatórias. Isso gera para o Estado uma demanda, o desenvolvimento econômico e social, uma vez que o setor público é chamado para dar conta de melhorias na qualidade de vida da população. Para isso, contudo, ele deve estar orientado estrategicamente (Nascimento, 2014).

Assim, a gestão pública deve fazer parte de um projeto amplo de desenvolvimento que proporcione a melhoria das organizações, dos métodos e da capacitação de pessoas, a fim de ganhar um sentido estratégico (Nascimento, 2014).

> **O que realmente é *gestão pública*?**
>
> Segundo Nascimento (2014), no caso do setor público, a gestão existe para reduzir a pobreza, melhorar a educação, aumentar a competitividade da economia, elevar a conservação dos recursos naturais, preservar, estender e expandir a cultura etc. Além disso, ela exige conhecimento básico da estrutura administrativa nas três esferas de governo (federal, estadual e municipal).

Primeiramente, então, é interessante termos um panorama geral da abordagem clássica da administração, que se divide em: **administração científica** (Frederick Taylor) e **teoria clássica** (Henry Ford).
De acordo com Nascimento (2014, p. 6), Taylor e Fayol, pioneiros na administração clássica e científica, foram os precursores das seguintes ideias vinculadas às organizações:

- Organizações são máquinas com projetos predefinidos.
- O salário não é o fim, mas um meio de satisfação do trabalhador.
- Empresa sem vínculo com mercado.
- Divisão de tarefas repetitivas.
- Processo padronizado com controle das operações.
- Postos e serviços cientificamente selecionados para atingir normas e objetivos.
- Treinamento de aptidões para cumprimento de meta de produção.
- Ambiente psicológico que consiga aplicar princípios da organização.

Com esses preceitos, as abordagens acabaram sendo criticadas, uma vez que exploravam os trabalhadores e levavam a trabalhos robotizados, mecânicos, prescritivos e normativos. Além disso, havia a carência de comprovação dos princípios dessa abordagem.

Contudo, essas teorias apontaram para o início de uma fase de estudo das relações entre homens e empresas. Como vimos no Capítulo 2, os cinco pilares da gestão (planejar, organizar, executar, dirigir e controlar) são decorrentes dessa vertente.

No Brasil, a Administração Pública gerencial teve início em 1967, no governo de Castelo Branco, por intermédio do Decreto-Lei n. 200, de 25 de fevereiro de 1967 (Brasil, 1967). Ele promoveu a descentralização da Administração Pública com a transferências das atividades de produção de bens e serviços para autarquias, fundações, empresas públicas e sociedade de economia mista. Podemos observar as principais características da Administração Pública gerencial na Figura 3.1.

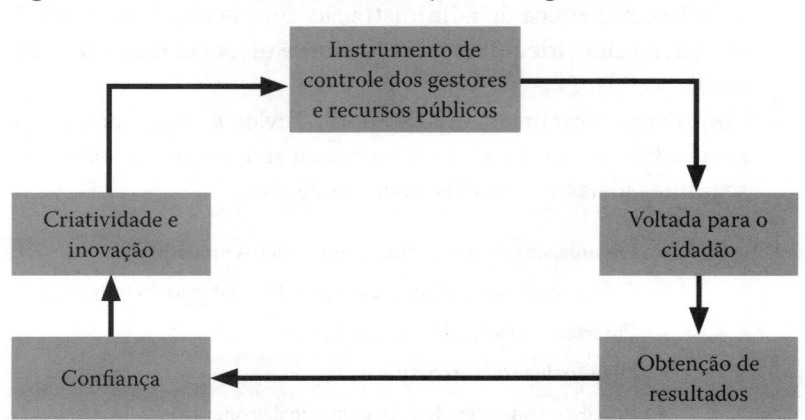

Figura 3.1 – Características da Administração Pública gerencial

```
        ┌─────────────────────┐
        │   Instrumento de    │
   ┌───▶│ controle dos gestores├───┐
   │    │  e recursos públicos │   │
   │    └─────────────────────┘   ▼
┌──────────┐                 ┌──────────┐
│Criatividade e│             │Voltada para o│
│  inovação  │               │   cidadão   │
└──────────┘                 └──────────┘
   ▲                              │
   │                              ▼
┌──────────┐                 ┌──────────┐
│ Confiança │◀────────────── │Obtenção de│
│          │                 │resultados │
└──────────┘                 └──────────┘
```

Fonte: Elaborado com base em Nascimento, 2014.

A Administração Pública gerencial tem como foco o cidadão, orientando-se por resultados. Ela adota procedimentos não rígidos, mas leva ao combate do nepotismo e da corrupção, definindo indicadores de desempenho por meio de contratos de gestão. Devemos levar em conta que o esboço aqui apresentado vem abordando a teoria, e que ela pode ser bem diferente quando aplicada na prática pelos atuais governantes brasileiros.

A Administração Pública busca seus princípios na Constituição Federal de 1988, que, em seu art. 37, diz: "a administração pública direta e indireta de qualquer dos poderes da União, dos Estados, do Distrito Federal e dos Municípios obedecerá aos princípios de legalidade, impessoalidade, moralidade, publicidade e eficiência" (Brasil, 1988). Tendo em vista os princípios citados, observe o Quadro 3.1.

Quadro 3.1 – Princípios da Administração Pública

Legalidade	▪ Limites. ▪ Obediência à lei. ▪ Proteção contra abuso de poder. ▪ Processo legislativo constitucional – formas da lei.

(continua)

(Quadro 3.1 – conclusão)

Impessoalidade	- Efetivação precisa do interesse público. - Caráter impessoal. - Vedação de favorecimentos. - Atos administrativos atribuídos à Administração Pública.
Moralidade	- Moral jurídica. - Ética. - Bem comum.
Publicidade	- Transparência de todos os atos do Poder Público (exceto em casos excepcionais de sigilo para manter a segurança da sociedade ou do Estado).
Eficiência	- Realização de atribuições com presteza, perfeição e rendimento funcional. - Atendimento satisfatório das necessidades.

Fonte: Elaborado com base em Nascimento, 2014.

Além desses princípios, podemos dizer que a descentralização é uma característica da configuração institucional e financeira da República Federativa do Brasil, composta por três níveis de governo: o Governo Federal (União), os governos estaduais e os governos municipais. A estrutura administrativa em cada nível de governo compreende duas instâncias: 1) administração direta; e 2) administração indireta, conforme podemos verificar no Quadro 3.2.

Quadro 3.2 – Estrutura administrativa

Administração direta	Administração indireta
Funções clássicas de governo (poderes Executivo, Legislativo e Judiciário).	Normas do direito público e privado. Formas de autarquia, fundação e fundo.

Fonte: Elaborado com base em [Nascimento, 2014.

De acordo com a Constituição de 1988, o Brasil tem autonomia na sua organização político-administrativa, assinalada no poder de organização política, administrativa, tributária, orçamentária e institucional (Brasil, 1988). Essa autonomia compreende a

União, os estados, o Distrito Federal e os municípios, mas pode ser limitada por outras disposições constitucionais ou legais dela decorrente. Essa é uma organização para que o Estado atinja seu fim, conservando o princípio da supremacia do interesse público sobre o privado (Nascimento, 2014).

Em regra geral, os próprios governos (federal, estadual e municipal) estabelecem a organização administrativa mais adequada para prestação de serviços e realização de obras de sua responsabilidade. Além disso, ao longo dos anos, foram implantadas inúmeras reformas estruturais com o intuito de corrigir os problemas macroeconômicos vivenciados pelo país, que transitou entre desajustes estruturais e períodos de crescimento (Nascimento, 2014).

Os anos 1950, para o Brasil, foram marcados por diversas crises econômicas, pela desvalorização da moeda e pelo endividamento público. Foi quando, na década de 1960, Juscelino Kubitschek buscou para o Brasil uma gestão moderna voltada para o desenvolvimento industrial. Ele abriu o país para o mercado industrial, trazendo com isso, no entanto, grandes críticas relacionadas ao descuido dos gastos públicos.

Quando os militares assumiram o governo brasileiro, seguiram as bases do modelo desenvolvimentista (Nascimento, 2014): investiram em infraestrutura. No final da década de 1970, entretanto, passaram por uma crise econômica internacional, com elevação das taxas de juro e crise do petróleo, deixando um legado para os próximos governos. A partir de 1984, já havia uma conta alta, acompanhada de uma dívida externa crescente e juros galopantes. Foi nesse período que surgiram os movimentos sindicais e os partidos políticos, que passaram a ter espaço de manifestação.

A má gestão dos recursos fez com que, ao longo dos anos, a federação tivesse de socorrer outras instâncias de governo com problemas orçamentários e de caixa.

Os financiamentos e os refinanciamentos constantes, nas décadas de 1980 e 1990, impulsionaram, no final dos anos 1990, a edição da Lei n. 9.496, de 11 de setembro de 1997 (Brasil, 1997). Com essa lei, o Governo Federal passou a monitorar os refinanciamentos por meio da Secretaria do Tesouro Nacional, modificando a política de empréstimo e ajudas técnicas. No ano 2000, com a edição da Lei Complementar n. 101, de 4 de maio de 2000 (Brasil, 2000), a União deixou de poder refinanciar dívidas estatais e municipais.

Nesse período, o Plano Real impulsionava o ajuste fiscal e o controle da inflação. Isso possibilitou que, anos mais tarde, o Brasil tivesse a oportunidade de realizar programas sociais de maior abrangência para a população brasileira. Nascimento (2014) salienta que, para que o país chegasse no patamar de crescimento e credibilidade em que viveu no início do século XXI, diversas formas institucionais de nível governamental foram necessárias. Isso inclui até mesmo a modificação da Constituição Federal, associada a reformas administrativas e à adoção de medidas monetárias e administrativas transparentes.

Nascimento (2014) reforça que a gestão pública deve estar a cargo de profissionais com competência para a execução dos programas partidários, observando-se os princípios constitucionais de eficiência, eficácia e efetividade e levando em conta o controle e os gastos públicos. Assim, a ética na gestão pública e o comportamento dos governantes são importantes para a administração. Isso envolve planejamento, política fiscal e avaliação dos gastos públicos, que são desenvolvidos por meio de um plano de atividades do governo, discriminando os serviços prestados aos cidadãos, como veremos a seguir.

3.2 Orçamento público

A gestão dos recursos públicos se realiza por intermédio de uma gestão financeira e orçamentária. Para isso, Santos (2001, citado por Nascimento, 2014) apresenta aspectos relevantes para o **orçamento público:**

- plano de atividade do governo para discriminar os serviços e os custos prestados;
- meio de transformar planos em obras e serviços concretos;
- instrumento de administração das ações do governo;
- documento de divulgação das ações do governo (transparência).

O orçamento público no Brasil nasceu como instrumento nos tempos da Coroa. Na época, com a criação de vários impostos por Dom João VI, ele funcionava para o controle político, mas só veio a ser oficiado na Constituição de 1824. No entanto, só em 1830 é que foi realmente elaborado o primeiro orçamento geral no Brasil.

O orçamento público passou pelas seguintes etapas:

- **Orçamento tradicional**: Instrumento de controle jurídico-político do parlamento sobre o poder executivo.
- **Orçamento de desempenho**: Apresenta os propósitos e objetivos para os quais os créditos foram designados e os custos e os dados quantitativos que meçam a efetivação dos trabalhos para cada programa.
- **Orçamento-programa**: Definição de programas, projetos e atividades em termos financeiros, por intermédio de um sistema uniforme de classificação de contas. É uma modalidade de orçamento na qual a previsão de recursos financeiros e sua distinção decorrem da elaboração de um plano completo. Para realização do orçamento-programa, são necessárias quatro etapas:
    1. planejamento: definição de objetivos;
    2. programação: definição das atividades;
    3. projeto: recursos de trabalho necessários à realização das atividades;
    4. orçamentação: previsão da fonte de recursos financeiros.

Além do orçamento público (e para execução deste), devemos contar com o planejamento, que tem como pressuposto básico a Constituição de 1988. Isso porque a Carta Magna institucionalizou a integração entre processos de planejamento (etapas do que será feito) e orçamento (custo para execução) ao instituir três instrumentos, que são:

- **Plano Plurianual** (PPA), que diz respeito às ações de médio prazo;
- **Lei Orçamentária Anual** (LOA), destinada a discriminar os gastos financeiros;
- **Lei Anual de Diretrizes Orçamentárias** (LDO), que é um elo entre os dois primeiros instrumentos.

Para justificação dos gastos orçamentários, foi criado o orçamento base zero, que surgiu para combater os orçamentos incrementais[1] indiscriminados.

3.2.1 Orçamento base zero

O orçamento base zero, segundo Atkinson (2000, citado por Nascimento 2014), surgiu em parte para combater os orçamentos incrementais indiscriminados, já que essa abordagem pode requerer pouco raciocínio e resultar em má alocação de recursos. Seu nome se deu por ser um orçamento que parte do zero, desconsiderando os programas que já vinham sendo realizados. A principal característica desse orçamento é a avaliação dos resultados alcançados, segundo Pires (1998) e Nascimento (2004). Os autores também pontuam os objetivos desse orçamento, que são:

- planejamento orçamentário para o ano seguinte;
- obediência ao princípio da economicidade;

---

1 *Orçamento incremental* é o orçamento feito por meio de ajustes marginais em seus itens de receita e despesa.

Gestão pública

- planejamento estratégico para identificar as reais necessidades financeiras;
- acompanhamento sistemático dos programas;
- planejamento estruturado a longo prazo.

Assim, no orçamento base zero, o planejamento orçamentário só será executado no ano seguinte, obedecendo o princípio da economicidade[2] e o planejamento estratégico, que vai identificar as reais necessidades financeiras no acompanhamento sistemático dos programas e do planejamento estruturado a longo prazo. Dessa forma, esse tipo de orçamento reduz custo e elimina desperdício. É importante para toda gestão pública que as ações obedeçam um planejamento sistematizado que possa organizá-las e também aos custos, além de avaliar os resultados previstos.

3.3 Planejamento

Na política, é importante congregar o detalhamento das ações que serão executadas, incluindo o plano de atividades, os recursos humanos, os recursos financeiros e o orçamento – o que chamamos *planejamento*. Na gestão pública, existem três instrumentos destinados a esse fim, como visto anteriormente (o PPA,

---

[2] O art. 70 da Constituição de 1988 diz que "a fiscalização contábil, financeira, orçamentária, operacional e patrimonial da União e das entidades da administração direta e indireta, quanto à legalidade, legitimidade, economicidade, aplicação das subvenções e renúncia de receitas, será exercida pelo Congresso Nacional, mediante controle externo, e pelo sistema de controle interno de cada Poder" (Brasil, 1988). É o princípio de natureza essencialmente gerencial, intrínseco às noções de *eficiência*, *eficácia* e *efetividade* na gestão de recursos e bens. Trata-se do melhor resultado possível para uma determinada alocação de recursos físicos, financeiros, econômicos, humanos e tecnológicos em um dado cenário socioeconômico.

a LDO e LOA)[3]. A seguir, veremos detalhadamente cada um deles.

3.3.1 Plano Plurianual

Os instrumentos de planejamento previstos na Constituição Federal têm início com o Plano Plurianual (PPA). Segundo o art. 165 da Lei Máxima, ele tem como função estabelecer de forma regionalizada as diretrizes, os objetivos e as metas da administração para as despesas de capital e outras, abrangendo um período de quatro anos. É, portanto, um instrumento de planejamento estratégico das ações do governo.

A Lei de Reforma Fiscal (LRF) – Lei Complementar n. 101/2000 –, cria vínculos específicos entre o PPA, as LDOs e as LOAs.

Os programas são monitorados por meio de acompanhamento e avaliação para analisar a efetividade das ações. É preciso verificar a previsão do PPA na lei orgânica dos municípios, que devem estar integrados na LDO e na LOA. Essa integração deve ser garantida pelos órgãos de planejamento plurianual, e a equipe de gestores do PPA tem de garantir a realização das diretrizes postas no plano.

3.3.2 Lei de Diretrizes Orçamentárias

A Lei de Diretrizes Orçamentárias (LDO) é uma lei que deve estabelecer os parâmetros necessários à alocação de recursos no orçamento anual para a realização das metas e dos objetivos contemplados no PPA. Segundo Nascimento (2014), trata-se de um instrumento que funciona como elo entre o PPA e os

---

3 Os três documentos fazem parte do art. 165 da Constituição de 1988 – Leis de Iniciativa do Poder Executivo.

orçamentos anuais, compatibilizando as diretrizes do plano à estimativa de disponibilidades financeiras para determinado exercício.

A LDO fornece as seguintes informações (Nascimento, 2014):

- estabelecimento de regras gerais substantivas;
- definição das metas anuais;
- indicação dos rumos a serem seguidos e priorizados no decorrer do exercício financeiro, não se detendo a situações específicas ou individuais próprias do orçamento.

O papel da LDO é o ajuste das ações às possibilidades do caixa. A Lei tem o mérito de submeter a soberania popular à definição das prioridades para aplicação dos recursos públicos. De acordo com Nascimento (2014), dois aspectos desse instrumento reforçam as inovações na legislação federal, que são: a disposição sobre alteração na legislação tributária e o estabelecimento de políticas de aplicação das agências financeiras oficiais de fomento, como o Banco do Brasil e o Banco Nacional do Desenvolvimento (BNDES).

3.3.3 Lei Orçamentária Anual

A Lei Orçamentária Anual (LOA) é mais conhecida por *orçamento da União*. Trata-se do mais importante instrumento de gerenciamento orçamentário e financeiro da Administração Pública federal, o qual tem como desafio o gerenciamento e o equilíbrio entre receitas e despesas públicas – ou seja, é uma modalidade de orçamento-programa. O art. 165 da Constituição Federal, no seu inciso 5º, que fala sobre orçamento, integra o tema ao orçamento fiscal, ao orçamento da seguridade social e ao orçamento de empresas estatais.

O Quadro 3.4 chama a atenção para as diferenças e semelhanças vistas entre o PPA, LDO e a LOA.

Quadro 3.3 – Síntese das características das leis orçamentárias

	PPA	LDO	LOA
Plano de vigência	4 anos	1 ano	1 ano
Prazos	Encaminhamento até o final de agosto do primeiro ano de mandato.	Encaminhamento em meados de abril. Retorno para sanção no final de junho.	Encaminhamento no final de agosto. Devolução em meados de dezembro (igual ao PPA).
Características gerais	▪ Objetivos e prioridades do governo (programa governamental). ▪ Integração entre planejamento e orçamento. ▪ Estímulo a parcerias. ▪ Dividido entre base estratégicas e programas.	▪ Metas e prioridades do governo (política fiscal). ▪ Alterações na política tributária. ▪ Política das agências de fomento.	▪ Orçamento fiscal de investimentos e da seguridade social. ▪ Demonstrativo da renúncia de receitas. ▪ Redução das desigualdades regionais (critério populacional). ▪ Utilização de créditos adicionais. ▪ Decreto de programação orçamentária e financeira.
Mudança trazida pela LRF	▪ A expansão das defesas continuadas deve ter compatibilidade com o PPA (art. 16, II da LRF – Lei de Reforma Fiscal). ▪ Obrigatoriedade de todos os entes no que se refere à publicação do PPA.	▪ Equilíbrio entre receita e despesas. ▪ Critérios para limitação de empenho. ▪ Avaliação de custos. ▪ Limitação de despesas obrigatórias de caráter continuado. ▪ Regras para transferências financeiras. ▪ Anexo de metas e anexo de riscos fiscais.	▪ Demonstrativo da compatibilidade do orçamento com metas fiscais. ▪ Reserva de contingência como proporção da Receita Corrente Líquida anual. ▪ Destaques para as despesas e receitas envolvidas com o pagamento da dívida.

Fonte: Adaptado de Nascimento, 2014, p. 115.

É importante destacar que esses instrumentos, em conjunto, materializam o planejamento e a execução das políticas públicas federais. É um tema que perpassa pelas competências do assistente social no que diz respeito à elaboração, à execução e à avaliação dos planos municipais, estaduais e nacionais de assistência social, buscando interlocução com as diversas áreas e políticas públicas, com especial destaque para as políticas de Seguridade Social (CFESS, 2012).

3.4 Gestão orçamentária

Na atualidade, a gestão orçamentária e financeira nos três níveis de governo brasileiro tem, nas tecnologias da Informação (TI), um aliado para trabalhar com as finanças públicas. O acompanhamento da execução orçamentária e financeira se faz de forma *online*, o que gera maior presteza na hora de gerir e acompanhar os gastos, emitir relatórios e gráficos, vendo em que áreas foram alocados os recursos. Nascimento (2014) salienta que, com esses sistemas, o Brasil passou a atender os princípios constitucionais da publicidade e da transparência das contas públicas.

Porém, cabe considerar que os municípios mais pobres encontram empecilhos à modernização da gestão, uma vez que dependem de verbas descentralizadas. Outra questão que deve ser apontada como problema para a transparência nas contas públicas diz respeito às normas locais e aos procedimentos diferenciados adotados em nível nacional. É necessária, portanto, a padronização das contas públicas. Dessa forma, quando o país adotar uma mesma norma contábil, a TI poderá ser utilizada na sua plenitude, inclusive na análise comparativa entre governos (Nascimento, 2014).

Com isso, percebemos a necessidade de uma discussão pública de caráter democrático que envolva todos os segmentos da sociedade, como o caso do orçamento participativo.

3.5 Orçamento participativo

Orçamento participativo (OP) é o nome dado ao processo de discussão pública de elaboração do orçamento, cujo caráter é deliberativo. É uma modalidade de participação popular conduzida pelos representantes governamentais com a população. Segundo Pires (2001), esse processo vem se consolidando em um contexto específico do desenvolvimento socioeconômico e da vida política brasileira.

Para Nascimento (2014), o OP busca um conceito de democracia, estando no nível de formas intermediárias de gestão, a chamada *cogestão*. Ela se constitui um exercício de participação real e efetiva da população, uma forma de alocar os recursos públicos de maneira eficiente e eficaz.

> Calife (2002) afirma que a principal riqueza do OP está na democratização da relação do Estado com a sociedade. Por meio dele, rompe-se a visão tradicional de política, na qual o cidadão encerra sua participação no ato de votar e os governantes eleitos podem fazer o que bem entendem. Assim, o cidadão passa de coadjuvante a protagonista ativo da gestão pública.

Não há um modelo metodológico de elaboração do orçamento participativo, pois cada gestor deve organizar sua metodologia por meio de um planejamento participativo, privilegiando governo e sociedade. Vejamos a seguir os principais passos para que isso aconteça.

Figura 3.2 – Principais passos para a elaboração do orçamento participativo

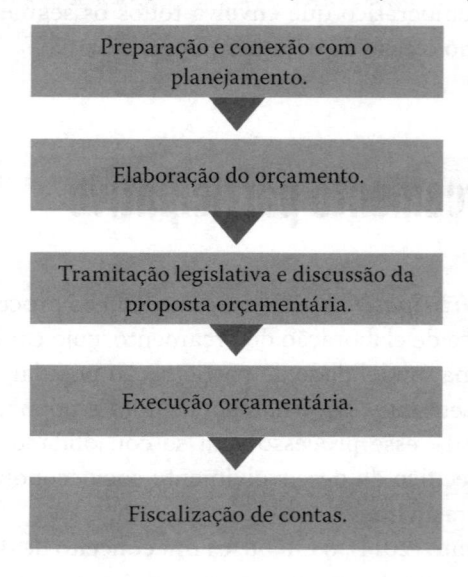

```
Preparação e conexão com o planejamento.
           ↓
Elaboração do orçamento.
           ↓
Tramitação legislativa e discussão da proposta orçamentária.
           ↓
Execução orçamentária.
           ↓
Fiscalização de contas.
```

Fonte: Adaptado de Nascimento, 2014, p. 208.

O OP permite que a população participe do planejamento dos gastos públicos. Essa participação pode ocorrer por meio de opiniões, do levantamento e de indicação de necessidades em conjunto com a Administração Pública. No Brasil, o OP tem referência nas experiências das cidades de Porto Alegre (RS), Santos (SP) e, mais recentemente, do Distrito Federal.

3.6 Gestão fiscal responsável

De acordo com Nascimento (2014), a LRF é um instrumento de controle e racionalização de contas públicas publicado dentro de um processo de ajuste das finanças públicas no Brasil, que teve início em 1994, com o Plano Real.

Vemos, contudo, que não se trata de uma iniciativa nacional, já que vários países já haviam adotado essa medida de gestão das receitas e controle das despesas públicas. O objetivo era o equilíbrio e a autossustentabilidade do setor governamental no mercado.

Nesse panorama, aspectos importantes devem ser considerados, como o tratamento das receitas públicas, que partem de uma previsão, diferente das despesas públicas, que são certas e contínuas. Deve também ser considerado o planejamento dos gastos, tendo por referência as receitas líquidas e os gastos com o pessoal, dando limites para cada poder.

No que se refere ao profissional que atua nessa área, precisamos destacar a opinião de Iamamoto (2009, p. 368):

> É na dinâmica tensa da vida social que se ancoram a esperança e a possibilidade de defender, efetivar e aprofundar os preceitos democráticos e os direitos de cidadania – afirmando inclusive a cidadania social, cada vez mais desqualificada. E, para impulsionar a construção de outro padrão de sociabilidade, regido por valores democráticos, requer-se a redefinição das relações entre o Estado e a sociedade, o que depende de uma crescente participação ativa da sociedade civil organizada.

Para a gestão fiscal responsável, portanto, necessitamos de profissionais críticos e propositivos, capazes de formular, recriar e avaliar propostas que apontem para a democratização das relações sociais. Eles exigem a compreensão e o exercício das ações pautadas nas dimensões teórico-metodológicas, ético-políticas e técnico-operativas. Essas dimensões devem vir calcadas na teoria crítica, levando o profissional a decifrar situações particulares decorrentes do dia a dia da vida social. Essas situações vão se materializar em demandas para o assistente social, que deve estar atento não só às situações particulares, mas também aos processos sociais macroscópicos.

Síntese

Neste capítulo, abordamos a gestão pública, pois é por meio dela que a sociedade pode ter a visibilidade sobre as ações governamentais. Para isso, analisamos os conceitos de orçamento público, orçamento base zero, gestão orçamentária e orçamento participativo. Além disso, tratamos de aspectos relevantes do planejamento, dos planos e leis orçamentárias, do orçamento participativo e da gestão fiscal.

Podemos dizer que a gestão pública no Brasil exige que se tenha conhecimento a respeito dos aspectos administrativos vivenciados nas três esferas do governo, bem como de suas características, seus princípios e suas origens. Como vimos, a Administração Pública nasceu no Brasil no ano 1967, durante o governo de Castelo Branco, por meio do Decreto n. 200/1967, que promoveu a descentralização da Administração Pública brasileira. A administração geral passou, então, a ser voltada ao cidadão e orientada à obtenção de resultados e à limitação da confiança dos políticos e funcionários públicos, por meio do controle dos gestores e dos recursos públicos.

É importante destacar que cada vez mais o assistente social vem sendo chamado para ocupar diversos espaços sócio-ocupacionais, principalmente na área da gestão, incluindo a gestão pública. Isso acontece no acompanhamento e avaliação de políticas, programas e projetos.

Segundo Iamamoto (2009), as inserções desse profissional nessa área são acompanhadas de novas exigências de qualificação. Entre elas, as mais importantes são: domínio de conhecimentos para realizar diagnósticos socioeconômicos dos municípios; domínio de leitura e análise dos orçamentos públicos; identificação de seus alvos e compromissos, assim como dos recursos disponíveis para projetar ações; e domínio do processo de planejamento.

Questões para revisão

1. Sobre a gestão pública no Brasil, marque as afirmativas a seguir como verdadeiras (V) ou falsas (F):

( ) Podemos dizer que a descentralização é uma característica da configuração institucional e financeira da República Federativa do Brasil, composta por três níveis de governo: o Governo Federal (União), os governos estaduais e os governos municipais.

( ) A Administração Pública gerencial tem como foco as empresas e orienta-se por resultados. Ela adota procedimentos rígidos de indicadores de desempenho e lucro por meio de contratos de gestão.

( ) O primeiro decreto que trata da gestão pública em seu texto promove a descentralização da Administração Pública, com a transferência das atividades de produção de bens e serviços para autarquias, fundações, empresas públicas e sociedades de economia mista.

( ) A gestão pública deve fazer parte de um projeto amplo de desenvolvimento que proporcione a melhoria das organizações, dos métodos e da capacitação de pessoas, ganhando um sentido estratégico.

Agora, assinale a alternativa que corresponde à sequência correta:

a) F, F, V, F.
b) V, F, F, V.
c) V, V, V, V.
d) V, F, V, V.

2. Sobre o orçamento público, marque as afirmativas a seguir como verdadeiras (V) ou falsas (F):

( ) O orçamento base zero surgiu em parte para combater os orçamentos incrementais indiscriminados e sua principal característica é a avaliação dos resultados alcançados.

( ) Na etapa chamada *orçamento de desempenho*, os propósitos são apresentados, assim como os objetivos para os quais os créditos foram designados e os custos e dados quantitativos que medem a efetivação dos trabalhos para cada programa.

( ) Seus aspectos mais relevantes são: plano de atividade do governo discriminando os serviços e os custos prestados; meio de transformar planos em obras e serviços concretos;

Gestão pública

instrumento de administração das ações do governo; documento de divulgação das ações do governo/transparência.

( ) Nasceu nos tempos da Coroa, ainda no reinado de Dom João VI, mas só veio a ser oficiado na Constituição de 1824.

Agora, assinale a alternativa que corresponde à sequência correta.

a) F, V, V, V.
b) V, V, V, F.
c) V, V, V, V.
d) F, V, V, F.

3. Em poucas palavras, defina *planejamento*.

4. Sobre os instrumentos destinados a ajudar no planejamento, marque as afirmativas a seguir como verdadeiras (V) ou falsas (F):

( ) O Plano Plurianual (PPA) tem como função estabelecer as diretrizes, os objetivos e as metas da administração para as despesas de capital e outras, abrangendo um período de oito anos.

( ) A Lei de Diretrizes Orçamentárias (LDO) é uma lei que deve estabelecer os parâmetros necessários à alocação de recursos no orçamento anual para a realização das metas e dos objetivos contemplados no PPA.

( ) A Lei Orçamentária Anual (LOA) funciona apenas como elo entre a LDO e o PPA, que tem o objetivo orçamentário e financeiro de administrar a ação pública federal.

( ) A LDO é um instrumento que funciona como elo entre o PPA e os orçamentos anuais, compatibilizando as diretrizes do plano à estimativa de disponibilidades financeiras para determinado exercício, e tem o mérito de submeter a soberania popular à definição das prioridades para aplicação dos recursos públicos.

Agora, assinale a alternativa que corresponde à sequência correta:

a) F, V, F, V.
b) V, V, V, V.

c) F, F, F, V.
d) V, F, V, F.

5. Defina *orçamento participativo* e cite suas principais características.

Questão para reflexão

O serviço social é uma profissão que tem uma dimensão do gerenciamento, do planejamento e da execução direta de bens e serviços de indivíduos, famílias e grupos, na perspectiva de fortalecimento da gestão democrática e participativa. O profissional desse meio precisa compreender os aspectos que envolvem os cidadãos por meio do conhecimento da intervenção social. Sabendo disso, crie um texto descrevendo como a Administração Pública se efetiva como um espaço de ação do assistente social.

Para saber mais

SANTOS, C. S. **Introdução à gestão pública**. São Paulo: Saraiva, 2006.

Um clássico na área de gestão pública, essa obra aborda as principais características, definições e processos da gestão, caracterizando-a e apresentando também os processos administrativos inerentes a ela, como planejamento, direção, organização e controle. Além disso, o autor, Clezio Saldanha dos Santos, abrange as grandes áreas da gestão pública, com conteúdos apresentados sempre de maneira muito didática e simples.

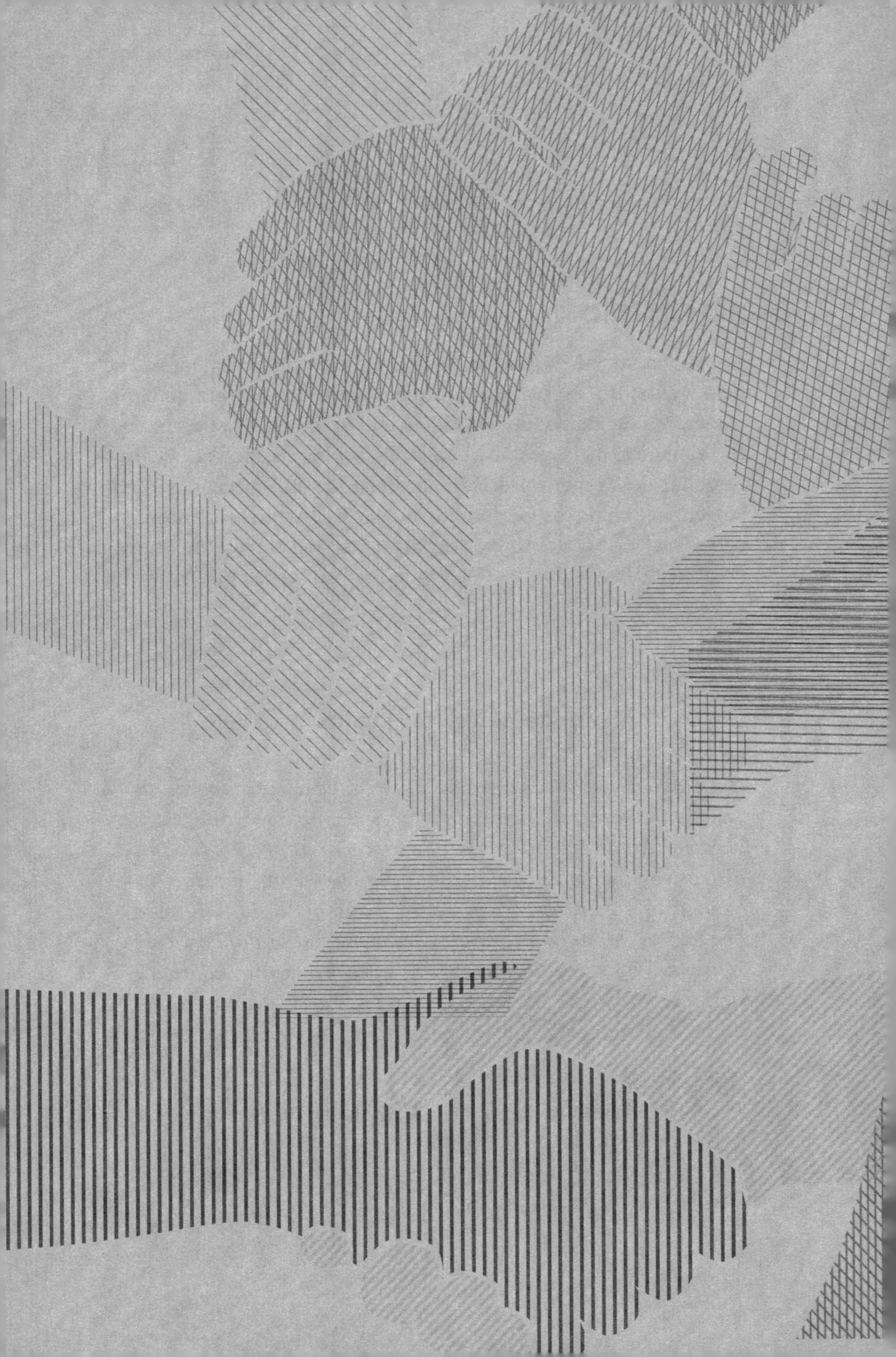

CAPÍTULO 4

Gestão social

Conteúdos do capítulo:

- Conceito de gestão social – modalidades e características.
- Relação entre os três setores – Estado, mercado e sociedade civil.
- Gestão emergente – economia solidária e tecnologias sociais.

Após o estudo deste capítulo, você será capaz de:

1. apontar como surgiu o conceito de *gestão social* no Brasil;
2. compreender o que é a gestão social e suas implicações;
3. discorrer sobre as modalidades e as características da gestão social;
4. estabelecer a relação entre o Estado, o mercado e a sociedade civil no âmbito da gestão social;
5. identificar o ciclo de metodologia de gestão social;
6. compreender fatores como economia solidária e tecnologias sociais dentro da gestão social emergente.

No Brasil, a temática da gestão social se tornou mais evidente em meados dos anos 1990. Foi quando o ideário neoliberal[1] trouxe em sua bagagem seu arsenal de Estado mínimo e, com ele, um contexto de mudanças e transformações que passaram a ser vivenciadas pelos brasileiros. Tudo começou com as mudanças societárias, passando pela desregulamentação dos direitos sociais e trabalhistas e pela reestruturação produtiva, chegando, com isso, à exasperação das desigualdades sociais, da exclusão social e dos níveis de violência.

Esse contexto exige um novo redirecionamento nas ações estabelecidas entre Estado, mercado e sociedade civil, uma vez que os papéis que cada um dos setores desenvolve na atualidade ficam confusos. Sendo assim, é necessário compreendermos esse fenômeno macroeconômico, algo que faremos neste capítulo por meio do entendimento adequado da gestão social.

4.1 Gestão social: um conceito em debate

Com a ofensiva neoliberal, Mota (2009) afirma que a ação sociorreguladora do Estado se retrai, pulverizando os meios de atendimento às necessidades sociais da população entre organizações privadas mercantis e não mercantis. Dessa forma, as adoções de políticas sociais que venham abater as desigualdades estão distribuídas nos diferentes setores da sociedade.

---

1 O neoliberalismo é uma nova fase do capitalismo, imposta a partir do começo dos anos 1980. Considerando seus traços mais gerais nos países do centro, como Estados Unidos e os países da Europa, podemos destacar três características: uma dinâmica mais favorável da mudança tecnológica e da rentabilidade, a criação de rendas a favor das classes mais abastadas e a redução da taxa de acumulação (Duménil; Lévy, 2007).

Marco Aurélio Nogueira (2004) aponta que o imperativo é saber quais atribuições se devem ao Estado e qual é o verdadeiro teor das políticas sociais. No entanto, sem um debate específico e com a própria ação do Estado se retraindo e dando lugar para a sociedade civil encaminhar soluções aos problemas sociais, essa discussão foi relegada a segundo plano, ao mesmo tempo que o Estado convocava parcerias para compor seu papel diante dessa realidade.

Atualmente, vemos que o Estado ainda decide as políticas públicas por meio da gestão das demandas e das necessidades dos cidadãos, mas não é necessariamente o único responsável pela concretização das ações dos serviços sociais. Dessa forma, a gestão social é a gestão das ações sociais públicas ou, em outras palavras, a gestão das demandas e necessidades dos cidadãos, que são consolidadas por intermédio de políticas, programas e projetos sociais.

Antes de prosseguirmos com o assunto, é importante fazer a diferenciação sobre o que é uma *demanda* e o que é uma *necessidade*. Para isso, buscamos em Kauchakje (2008) esses conceitos, que podem ser vistos no Quadro 4.1.

Quadro 4.1 – Conceitos de *demanda* e *necessidade*

Necessidades	Demandas
São próprias da condição humana, ou seja, os homens necessitam de alimento, abrigo, reprodução e saúde, além de autonomia e liberdade.	São produtos das relações sociais e estão ligadas às carências. Ex.: todas as pessoas têm necessidades, regularmente, de alimento de qualidade; no entanto, algumas são carentes de alimentos, e isso ocorre nas estruturas econômicas e nas políticas nacionais e internacionais, que causam graves desigualdades no tocante à distribuição de riquezas produzidas socialmente, bem como o acesso a ela e aos recursos sociais, culturais e naturais.

Fonte: Elaborado com base em Kauchakje, 2008.

Tendo como base esses conceitos, podemos dizer que a gestão das ações sociais públicas se constitui por meio dos diferentes segmentos sociais, seja no âmbito governamental, seja no âmbito não governamental. Outra questão que merece destaque é que tudo que é estatal é público, porém nem tudo o que é público é estatal (Kauchakje, 2008). Pensando dessa maneira, percebemos que a gestão social das ações sociais públicas não significa exclusivamente ações sociais do Estado. O que existe é uma interação entre Estado e sociedade civil[2].

Nessa integração entre o Estado e a sociedade civil, ou seja, entre o público e o privado, as organizações não governamentais (ONGs) funcionam como espaços nos quais, muitas vezes, as ações públicas se consolidam, por meio de projetos e programas sociais. Cada vez mais elas vêm sendo chamadas para parcerias na execução de ações que minimizam os problemas sociais, tornando-se, assim, uma alternativa de acesso a direitos e ao exercício da cidadania (Gomes; Lopes, 2010).

No entanto, a consolidação das ações públicas não para nessa parceria, já que outro segmento que vem compondo essa dinâmica é o mercado. Isso ocorre por meio de seus investimentos sociais[3] e da responsabilidade social (como vimos no Capítulo 3, sobre gestão privada).

Com base nessa constatação, percebemos que as ações públicas são formadas pelos três setores: o primeiro, o segundo e o terceiro, representados pelo Estado, pelo mercado e pela sociedade civil, respectivamente. Vejamos isso disposto na Figura 4.1.

---

2   Segundo Bobbio (1992), entende-se por *sociedade civil* a esfera das relações sociais não reguladas pelo Estado.

3   *Investimento social privado* é o uso planejado, monitorado e voluntário de recursos privados – provenientes de pessoas físicas ou jurídicas – em projetos de interesse público. Incluem-se no universo do investimento social privado as ações sociais protagonizadas por empresas, fundações e institutos de origem empresarial ou instituídos por famílias ou indivíduos (Instituto Iris, 2017).

Figura 4.1 – Relação entre os setores

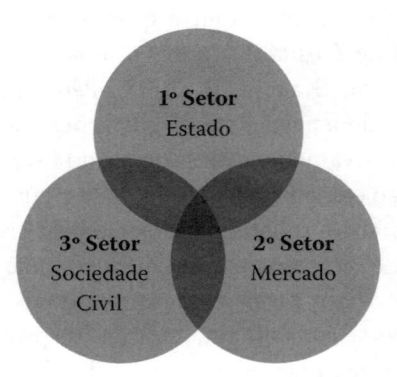

```
        1º Setor
         Estado

  3º Setor        2º Setor
  Sociedade       Mercado
  Civil
```

Essa inter-relação entre os três setores no âmbito das políticas públicas, como acentua Iamamoto (1997), é uma resposta privilegiada à questão social. Ela aparece ao lado de outras formas acionadas para seu enfrentamento por distintos segmentos da sociedade civil, que têm programas de atenção à pobreza e que fazem frente aos níveis crescentes de exclusão social. Mas também podemos ver essa inter-relação como contribuição para a consolidação dos direitos de pessoas, famílias e grupos sociais, os seja, os sujeitos de direitos. Isso nos mostra que esses direitos vêm sendo conquistados ao longo da história por meio de muito embate e lutas sociais. É o que apresenta o Quadro 4.2.

Quadro 4.2 – Marco dos direitos

Tipos de direitos	Marco das conquistas	Exemplos de direitos
Direitos civis	Século XVII	Direito à vida e direito de ir e vir. Liberdade econômica, de propriedade, de expressão e religiosa.
Direitos políticos	Século XIX	Direito a participar da direção do Estado (votar e ser votado).
Direitos sociais	Século XX	Direito à saúde, à assistência social, à segurança alimentar, ao trabalho, à previdência social, à habitação e à educação.

(continua)

(Quadro 4.2 – conclusão)

Tipos de direitos	Marco das conquistas	Exemplos de direitos
Novos direitos	A partir de meados do século XX	Direitos ligados à etnia (negros e indígenas), ao gênero e à orientação sexual (mulheres, homossexuais), ao ciclo de vida (crianças, adolescentes, idosos), à inclusão social (deficiência), ao patrimônio genético, à biodiversidade e à diversidade cultural.

Fonte: Adaptado de Kauchakje, 2008, p. 24-25.

Os direitos são essencialmente históricos e reveladores das relações estabelecidas entre o Estado e a sociedade, sujeitos a particulares condições políticas, econômicas e culturais. Os direitos como "expressão de um patamar de sociabilidade" (Couto, 2010, p. 20) estão situados em um campo essencialmente político porque são resultantes de embates de interesses e ações dos sujeitos sociais.

Dessa forma, observamos que os direitos vão se constituindo na luta dos movimentos sociais, na resistência e na rebeldia de cidadãos que buscam uma sociedade mais justa e igualitária. Gomes e Lopes (2010) apontam que, nesse ínterim, os direitos e as ações públicas são realizados por intermédio de políticas públicas, programas e projetos. O Quadro 4.3 mostra a definição de cada um deles.

Quadro 4.3 – Políticas, programas e projetos

Políticas públicas	Programas e Projetos
São instrumentos de ação do governo a serem desenvolvidos em programas, projetos e serviços de interesse da sociedade. As políticas podem ser consideradas um desenho, uma arquitetura planificada dos direitos garantidos em lei.	São planos constituídos por um conjunto de projetos e iniciativas que se articulam e se complementam com vistas à obtenção de resultados num tempo definido.

Fonte: Adaptado de Kauchakje, 2008, p. 26.

As políticas, os programas e os projetos sociais são os canais para a efetivação de ações que venham a dar respostas às necessidades e demandas sociais. Conforme ressalta Iamamoto (2003), essas ações visam dar conta de um problema central do mundo contemporâneo, que cresce sob o domínio do capital financeiro em relação ao capital produtivo, fazendo aumentar o desemprego e a exclusão de um contingente de trabalhadores que não conseguem a inserção ou a reinserção no mercado de trabalho

Nesse panorama, o Estado, que se retrai nas suas responsabilidades públicas no âmbito dos serviços e direitos sociais, chama novos atores para dar conta dessa situação. Assim, o segundo e o terceiro setores passam a executar as políticas públicas, como podemos verificar no Quadro 4.4.

Quadro 4.4 – Ações correspondentes a cada setor

1º setor Estado	2º setor Mercado	3º setor Sociedade Civil
- Ações governamentais (Executivo, Legislativo e Judiciário).	- Ações empresariais. - Gestão da responsabilidade social.	- Ações da sociedade civil. - Ações de organização e defesa de direitos. - Prestadores e/ou serviços. - Produção e/ou serviços baseados em economia solidária.

É importante definir a responsabilidade de cada setor, uma vez que a inserção desses atores passa a demarcar a profunda transformação nos níveis sociais que estamos vivendo, por meio de uma mudança de paradigma na qual a área social, que era um espaço de filantropia, passa a ser vista como uma área de direitos. Isso nos mostra que as tendências recentes na gestão social impõem uma reorganização na forma de pensar a organização social, o que inclui sua inter-relação entre o político, o econômico e o social (Dowbor, 1999). Assim,

> o chamado *Terceiro setor* aparece como uma alternativa de organização que pode, ao se articular com o Estado e assegurar a participação cidadã, trazer respostas inovadoras. As empresas privadas ultrapassam a visão do assistencialismo [...] para assumir a responsabilidade que lhes confere o poder político efetivo que têm. Passa-se assim do simples marketing social, frequentemente com objetivos cosméticos, para uma atitude construtiva na qual o setor privado pode ajudar a construir o interesse público. (Dowbor, 1999, p. 38)

Ainda temos dificuldades em perceber que é possível a articulação dos diversos setores, dividindo responsabilidades em prol do interesse público (Gomes; Lopes, 2010), pois não adianta estabelecer parcerias apenas em níveis hierárquicos. É preciso que elas sejam efetivadas por meio de ações que tenham como resultado maior o engajamento dos setores com interesse no bem comum, nas melhorias das condições de vida da população e no confronto com as mazelas da questão social.

Para a concretização da gestão social, portanto, necessitamos pensar em alguns processos que estão interligados, como podemos verificar na Figura 4.2.

Figura 4.2 – Processo de gestão

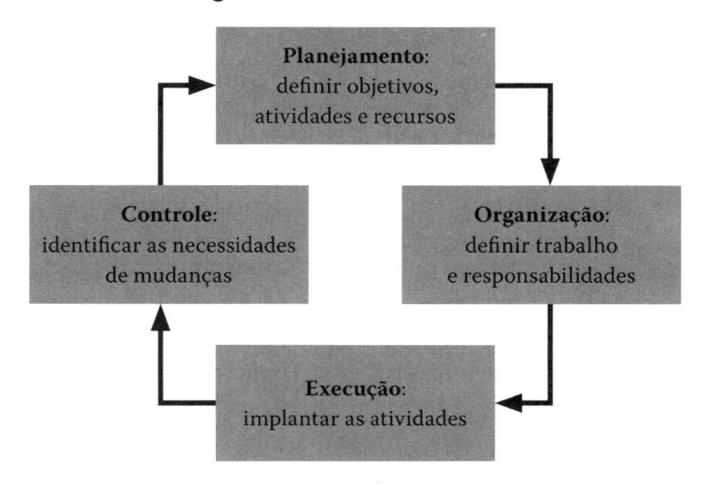

```
        ┌──────────────────────┐
        │    Planejamento:     │
        │   definir objetivos, │
        │  atividades e recursos│
        └──────────────────────┘
          ↑                ↓
┌──────────────────┐   ┌──────────────────┐
│    Controle:     │   │   Organização:   │
│ identificar as   │   │ definir trabalho │
│  necessidades    │   │ e responsabilidades│
│   de mudanças    │   │                  │
└──────────────────┘   └──────────────────┘
          ↑                ↓
        ┌──────────────────────┐
        │     Execução:        │
        │ implantar as atividades│
        └──────────────────────┘
```

Fonte: Adaptado de Gomes; Lopes, 2010, p. 68.

Cada etapa desse processo (que é avaliativo) precisa ser pensada e analisada com antecedência, durante a sua execução e também no final. Cada ação tem sua intencionalidade e, portanto, irá desenhar o tipo de empreendimento desenvolvido e a garantia da clareza, transparência, participação e conhecimento de todos os atores envolvidos. Também cabe ressaltar que a metodologia da gestão social conta com um ciclo que garante a eficiência da ação desenvolvida, pois detalha cada etapa a ser seguida rumo ao impacto social. É o processo do planejamento, implementação, monitoramento e avaliação dos planos e projetos. Podemos visualizar essa explicação na Figura 4.3.

Figura 4.3 – Ciclo da metodologia da gestão social

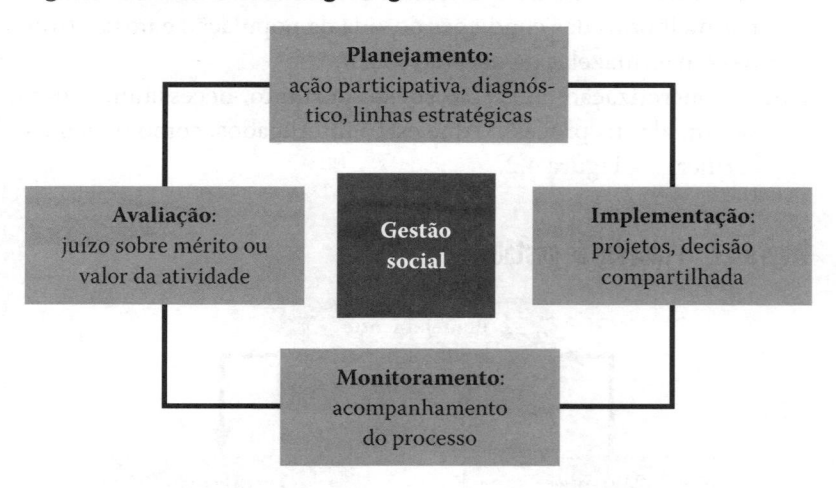

Planejamento: ação participativa, diagnóstico, linhas estratégicas

Avaliação: juízo sobre mérito ou valor da atividade

Gestão social

Implementação: projetos, decisão compartilhada

Monitoramento: acompanhamento do processo

Cada uma dessas etapas é de extrema importância para o desenvolvimento dos programas e projetos. Isso acontece porque elas estão interligadas e dão noção do fazer profissional, estabelecendo a direção a ser seguida e os passos que compreendem cada direção. O gestor deve ter domínio de cada etapa e a compreensão do todo para poder acompanhar o desenvolvimento da ação. A seguir, dividimos cada um dos passos:

- **Planejamento**: É uma ação participativa, que se inicia com a realização do diagnóstico, onde são definidas as estratégias de ação.
- **Implementação**: Os atores são sensibilizados e convidados a tornar concretas as ações traçadas. É onde se inicia o processo de efetivação do trabalho.
- **Monitoramento**: Acompanhamento do processo durante a execução para ver como estão sendo desenvolvidas as atividades. Caso necessário, há o gerenciamento de conflitos e o estabelecimento de parcerias. Essa etapa colabora com a avaliação.
- **Avaliação**: Obtenção de informações suficientes e relevantes para aprofundar um juízo sobre o mérito ou valor de um programa ou uma atividade específica. Pode ser estabelecido por meio do controle social.

Nenhuma ação ou atividade no âmbito da gestão social é desenvolvida sem o envolvimento de diversas energias e pessoas, afinal, para a concretização de um programa ou um projeto, diferentes atores são envolvidos. Esse envolvimento pode ser realizado por intermédio da articulação de redes.

Dabas (1995) explica que *rede* é um sistema aberto que, por meio de trocas dinâmicas entre seus integrantes e os de outros grupos, potencializa os recursos dos quais dispõe. Nesse sentido, há a reconfiguração de papéis sociais e a necessidade de articulação no enfrentamento dos problemas sociais. Na era da informação, os recursos e as redes devem ser otimizados para conseguirmos grande eficácia no alcance das ações. Dowbor (1999) ressalta que, como cogestores, devemos estar atentos ao novo pacto social.

A gestão social no Brasil se apresenta, basicamente, em torno de cinco modalidades. Elas estão em consonância com a política local e seguem os períodos históricos, conforme aponta Kauchakje (2008):

- **Gestão patrimonial**: Caracteriza-se pela privatização do Estado e pelo fato de que alguns grupos são privilegiados na política e na alocação de recursos (de acordo com interesses particulares).

- **Gestão tecnoburocrática**: Caracteriza-se pela aparente despolitização do processo decisório no que tange aos serviços, aos recursos, aos locais e à população, que ocorre sob a justificativa de que estes passaram pelo crivo tecnocrático. Essa modalidade de gestão acompanhou o período militar no Brasil.
- **Gestão gerencial**: Caracteriza-se pela introdução, na gestão pública, dos princípios da gestão empresarial, que incentivam as parcerias entre Estado e sociedade civil. Foi introduzido com o modelo neoliberal.
- **Gestão democrático-participativa**: Caracteriza-se pela priorização das demandas das classes populares em relação a serviços, recursos e locais. Essa modalidade coloca na agenda das políticas públicas uma inversão de prioridades da gestão na ação local, levando à democratização da política e ao acesso à população, além de organizar a interface e a intersetorialidade de políticas e programas entre esferas do governo e o estabelecimento de trabalho articulado em rede. Tem suas bases na Carta Magna de 1988.
- **Gestão em rede**: Caracteriza-se pela sua maleabilidade entre o modelo gerencial e o modelo democrático participativo. Ultrapassa as ações sociais fragmentadas, elaborando uma política de interfaces e buscando a articulação entre Estado e sociedade civil.

Outra questão que merece relevância é a identificação das redes sociais existentes nas localidades. Conforme Kauchakje (2008), elas podem ter a seguinte classificação:

- **Rede de pertencimento**: São redes de relações estabelecidas pelos sujeitos, podendo ser de amizade, vizinhança, trabalho, organizações como igrejas, entre outras.
- **Rede de equipamento e serviços coletivos**: São redes onde se efetivam os direitos sociais. Também são chamadas de *redes secundárias*, pois é no acesso a essas redes que os sujeitos operacionalizam as políticas públicas, como habitação, saneamento, transporte, saúde e assistência social.

- **Rede movimentalista**: São redes de ações sociopolíticas, estabelecidas por movimentos sociais, fóruns, conselhos, ONGs e outras formas de ação coletiva. Articulam demandas como etnia, gênero, meio ambiente, direitos sociais, civis e políticos, mundo do trabalho, entre outras.
- **Rede de políticas públicas**: São redes que mesclam a rede de equipamento e serviços coletivos e a rede movimentalista, que atuam no interior do Estado e da sociedade civil.

Para a efetivação de uma boa gestão social, devemos levar em conta a competência técnica do gestor em implantar uma gestão pública democrática que atenda às necessidades e às demandas da população. Para isso, as gestões democrático-participativa, gerencial e de rede precisam apresentar um bom potencial democratizador e ser bem administradas.

4.2 Gestão social emergente

Ampliando a discussão no campo da gestão social, podemos destacar as questões emergentes do contexto atual – sejam elas de cunho social, econômico ou cultural, sejam de caráter relacional, familiar ou grupal – que intervêm nas ações desenvolvidas no trabalho do assistente social, bem como no processo de gestão. Para tanto, precisamos levar em conta o movimento societário e as novas ações que complementem o enfrentamento das mazelas sociais. Nesse sentido, destacamos a economia solidária e as tecnologias sociais. Porém, devemos ficar atentos para que a gestão social apenas substitua "o Estado em esferas em que este prefere delegar em vez de atuar diretamente, de acordo com a visão de um 'Estado mínimo'" (Cidac, 2017).

4.2.1 Economia solidária

A economia solidária (ES) é uma forma de enfrentamento articulado entre trabalho e renda. Em outras palavras, coesão social e criação de empregos têm potencial de mudança social e se estabelecem na forma de autogestão.

> Podemos denominar *autogestão* como a expressão máxima da gestão participativa, pois ela é gerida pelos próprios trabalhadores de forma democrática, sendo que cada membro tem direito de opinião. Nas pequenas cooperativas, por exemplo, todos fazem o que precisam sem necessidade de distinção de funções. Enquanto isso, nas grandes corporações, é necessária uma distribuição de cargos, que envolve desde presidente até tesoureiro. Ainda assim, apesar de haver a distinção de funções, as diretrizes estabelecidas pelo coletivo devem ser cumpridas da mesma forma.

Para Singer (2008), a ES é um modo de produção que se caracteriza pela igualdade. Se pensarmos pelo viés da igualdade de direitos, os meios de produção são de posse coletiva dos que trabalham com eles, sendo essa a sua característica central. Para o Ministério do Trabalho e Emprego, a ES é um jeito diferente de produzir, vender, comprar e trocar o que é preciso para sobreviver. Isso precisa acontecer sem exploração dos outros, sem que se leve vantagens e sem destruir o ambiente. Enxerga-se, assim, a cooperação, o fortalecimento do grupo e o pensamento no bem de todos e no próprio bem.

Podemos tomar como exemplos de ES as associações, clubes de troca, empresas autogestionárias e redes de cooperação que realizam atividades de produção de bens, prestação de serviços, finanças solidárias, trocas, comércio justo e consumo solidário.

Quadro 4.5 – Características da economia solidária

Cooperação	• Interesses e objetivos em comum. • Propriedade coletiva de bens. • Partilha dos resultados. • Responsabilidade solidária.
Autogestão	• Igualdade nos processos de trabalho. • Protagonismo dos sujeitos.
Dimensão econômica	• Agregação de esforços. • Motivação de recursos pessoais. • Viabilidade econômica.
Solidariedade	• Distribuição justa dos resultados. • Oportunidades de desenvolvimento de capacidades e melhoria de vida. • Compromisso com o meio ambiente e a comunidade. • Movimento emancipatório. • Engajamento com outros movimentos sociais. • Respeito aos direitos.

É importante destacar as características da ES (cooperação, autogestão, dimensão econômica e solidariedade), uma vez que esta trabalha com interesses e objetivos em comum, por meio da igualdade nos processos de trabalho, incentivando o protagonismo dos sujeitos e a motivação dos recursos pessoais, o que resulta numa justa distribuição dos resultados, em melhorias nas condições de vida e no compromisso com o coletivo, respeitando os direitos e lutando com outros movimentos sociais.

A gestão social se ocupa, portanto, da ampliação do acesso à riqueza social – material e imaterial – na forma de fruição de bens, recursos e serviços. Pode ser entendida como direito social, carregando valores democráticos como *equidade*, *universalidade* e *justiça social* (Silva, 2004). Partindo desse pressuposto, apontamos, assim, para a ES como um modelo de gestão social.

Djalma de Oliveira (2007) afirma que esse tipo de economia exige um Estado com uma proposta clara de desenvolvimento e que contemple teses como as do desenvolvimento endógeno e sustentável, além da necessidade da distribuição de renda e de oportunidades. Dessa forma, é necessária a existência de **práticas emancipatórias** que contemplem a sociedade como um todo. Torna-se, ainda, um desígnio desse novo trabalho o imperativo de não anular as singularidades dos sujeitos quando as ações são voltadas para o coletivo.

De todo modo, foi somente em 2006 que a ES tomou *status* de política pública. Isso aconteceu com a realização, em Brasília, da I Conferência Nacional de Economia Solidária (Conaes), que chegou às seguintes conclusões sobre as características e sobre o que é *economia solidária*:

- Na economia solidária, há um modo de produção baseado na propriedade coletiva dos meios de produção e na gestão e controle coletivo dos bens e/ou serviços produzidos. Ela é uma economia fundamentada na democracia e na autogestão e voltada para a superação do trabalho subalterno na direção de um trabalho emancipado.
- Trata-se de um movimento social que compartilha valores e princípios de uma série de outros movimentos sociais comprometidos com as trocas sociais e a luta pela "inclusão" de segmentos populacionais que se encontram "excluídos" de espaços e/ou redes de interação.
- Ela é uma estratégia de desenvolvimento econômico e social includente que não se restringe somente à "inclusão" de pessoas nas relações de trabalho.
- É, em termos gerais, uma política pública do Estado.

Podemos compreender, então, a ES como um modo de produção, um movimento social e uma estratégia de desenvolvimento econômico e social que promove a inclusão, urgindo a necessidade de fortalecê-la e fomentá-la (Eidelwein, 2009).

Nesse sentido, também podemos pensar a ES associada à gestão no terceiro setor, que, como visto anteriormente, vem compondo ações de enfrentamento das desigualdades sociais. Assim, as ONGs são iniciativas da sociedade civil organizada que destinam seus fins ao capital social para o atendimento das necessidades sociais e que contribuem com a transformação social. As ações das ONGs são calcadas na solidariedade e na confiança, o que muitas vezes provoca dificuldade na execução da parte administrativa, pois falta conhecimento na área da gestão e de seus princípios. Isso acaba afetando a sobrevivência da organização e a captação de recursos, uma vez que, na maioria das vezes, elas necessitam do apoio de agências de cooperação e empresas privadas.

Por meio desse panorama, percebemos que, seja qual for o tipo de gestão desenvolvida na área social, é importante lançar mão de um conjunto de conhecimentos e instrumentos que propiciem uma ação planejada, organizada, controlada e dirigida. Devemos, assim, levar em conta a eficiência, a eficácia e a efetividade das ações nos seus níveis estratégicos, táticos e operacionais (Gomes; Lopes, 2010).

4.2.2 Tecnologias sociais

Continuando nosso estudo a respeito da gestão emergente no âmbito social, destacamos agora as tecnologias sociais (TS). Elas são um conjunto de ações, produtos, técnicas ou metodologias replicáveis, desenvolvidas na interação com a comunidade e que representam efetivas soluções de transformação social.

Quando falamos de *tecnologias*, vem à nossa mente um arsenal de aparelhos e instrumentos de alto desempenho, mas, na realidade, as tecnologias sociais são ações simples (Fonseca; Serafim, 2009). Nelas, não há determinismo da tecnologia, tampouco a neutralidade da ciência. Ainda de acordo com os mesmos autores, o importante é gerar conhecimento de forma coletiva, o que implica a participação ativa de uma série de atores, dentre os quais o Estado, a comunidade e os movimentos sociais são os mais importantes.

O Estado tem um papel relevante nessa ação, mas nem sempre é privilegiado pelas políticas públicas. Isso se deve a **dois possíveis obstáculos**:

1. o primeiro diz respeito à dificuldade de adoção de posturas criativas por parte de uma tendência conservadora dos governantes;
2. o segundo se relaciona ao processo de captação de recursos dentro do Estado, o que atinge as políticas relacionadas à tecnologia convencional – e está fora da abrangência das TS.

A criação da Rede de Tecnologia Social (RTS) foi organizada por meio de órgãos governamentais, empresas estatais, órgãos privados de fim público, universidades, ONGs e movimentos sociais. Fonseca e Serafim (2009) pontuam que seu objetivo é promover o desenvolvimento sustentável mediante à reaplicação em escala de tecnologias sociais. A proposta foi construir uma rede democrática para enfrentar os problemas sociais com base em produtos, técnicas ou metodologias reaplicáveis que representem soluções efetivas para a transformação social.

Para aplicar as tecnologias sociais, devemos utilizar a combinação de recursos e materiais não convencionais, somados a pessoas, tecnologias e instrumentos de gestão, tudo isso na busca pela potencialização de resultados sociais que venham atingir positivamente as comunidades que sofrem com a situação econômica e social que afronta o país.

As tecnologias sociais aliam um conjunto de saberes – como o popular –, a organização social e o conhecimento técnico-científico. Um exemplo simples a ser citado é o soro caseiro, uma iniciativa barata e acessível que pode salvar vidas, como ilustra a Figura 4.4.

Figura 4.4 – Exemplo de tecnologia social – soro caseiro

1 copo cheio (200 ml) de água limpa
1 medida rasa de sal
2 medidas rasas de açúcar

Vasilyeva Larisa e Chalintra.B/Shutterstock

Iniciativas como essa estão correndo o país – na área de educação, saúde, meio ambiente, agricultura ou assistência –, mas ainda são vistas como iniciativas isoladas, sem compor a agenda das políticas públicas. Além disso, podemos afirmar que elas ainda se encontram muito isoladas, ou seja, estão focadas em determinadas pessoas, grupos, famílias, cooperativas, associações etc.

Outro exemplo que podemos citar, além do soro caseiro, é a multimistura, complemento alimentar que combate a desnutrição. Ela se tornou uma TS a partir do momento em que serviu como aliada em muitas creches, organizações de assistência social e pastorais.

Essas iniciativas são levadas em conta no trabalho dos serviços sociais dentro das comunidades, no apoio aos programas sociais, nas associações de moradores e na articulação de uma série de atores que são favorecidos com mudanças que ajudam no acesso à cidadania e à transformação social. Nesse sentido, destacamos que a articulação de uma rede de atores é necessária, porém insuficiente. Devemos também ponderar a respeito do impacto que essa iniciativa traz para a sociedade.

Outra questão a ser destacada é a flexibilidade e o espírito inovador de cada iniciativa. São necessárias a formação e a capacitação, e não apenas componentes eletrônicos e mecânicos. Para ser reconhecida como TS, é necessário aplicar um padrão tecnológico, cujos elementos essenciais permitam uma escala. Para a implementação da tecnologia social, há algumas fases que devem ser adotadas e que podem ser conferidas no Quadro 4.6.

Quadro 4.6 – Fases da tecnologia social

Criação	Nasce da sabedoria popular, do conhecimento científico ou da combinação de ambas.
Viabilidade técnica	Padrão tecnológico.
Viabilidade política	Ganha visibilidade e passa a ser requisitada como solução.
Viabilidade social	Para ganhar a escala, a tecnologia precisa ter bases de apoio para ser demonstrada, reaplicada e cercada de orientações a quem se aplica.

Fonte: Adaptado de Gomes; Lopes, 2010, p. 106.

Para que essas fases sejam implementadas, é necessário que exista articulação entre os diferentes atores que compreendem o governo, a administração, os especialistas e as organizações sociais. Essas fases obedecem aos circuitos de relações para serem estabelecidas, como veremos a seguir.

Primeiramente, é importante salientarmos que as tecnologias sociais devem ser **adequadas inventivas, baratas** e **sustentáveis**. Dessas características, podemos depreender que todas as coisas novas precisam de análise e discussão para se tornarem viáveis e para que comecem a fazer sentido e provoquem algum impacto social em grande escala.

As características das TS nos impulsionam a realizar ações com a intenção de arrostar as expressões da questão social que cada dia ganham novas configurações. Por serem baratas, inventivas e buscarem o desenvolvimento social sustentável, estão entrando nas comunidades em prol de interesses comuns e da superação de situações de adversidades; mas, para sua efetividade, é preciso um processo de organização e de parceria que perpasse o governo, as pesquisas e a própria sistematização da tecnologia, a fim de que possa ser levada a muitas comunidades que necessitam dela. Sendo assim, Lassance Junior e Pedreira (2004) apontam **quatro circuitos** que constituem os caminhos para a implantação das TS e que são extremamente importantes para a concretização das boas práticas sociais.

O **primeiro circuito** de relações versa a respeito das tomadas de decisão sobre as políticas e a alocação dos recursos, representadas pelos dirigentes governamentais. Elas são muito importantes, pois sem o envolvimento desses representantes, essa ação não passará de boas práticas, permanecendo marginal aos programas de governo e ao recebimento de recursos. Lassance Junior e Pedreira (2004) apontam que ser parte de um programa de governo e ter recursos previstos no orçamento são bons indicadores da força ou das fragilidades da TS no horizonte das políticas.

Nesse panorama, contudo, há algumas dificuldades de ingresso, que geralmente estão relacionadas a fatores como:

- tendências conservadoras;
- riscos inerentes a projetos inovadores;
- escolhas racionais;
- poder (relacionado a forças políticas que impedem o desenvolvimento local).

O **segundo circuito** versa sobre a burocracia. Podemos fazer distinção entre a burocracia, que tem seu território na administração, e o governo, que tem suas bases na política. Nesse sentido, a legitimação das decisões necessita ser acompanhada de aspectos de burocracia. As TS não são diferentes. Elas também precisam dessa viabilidade, pois os caminhos devem ficar bem definidos, assim como os procedimentos legais e os processos normativos. Todos se materializam em projetos, na definição de orçamentos e na alocação de recursos.

É importante destacar que nem todas as organizações têm pessoas capacitadas e especializadas para cumprir essas normativas. Assim, podemos ressaltar aspectos importantes para o desenvolvimento da racionalidade: a legalidade, a sustentabilidade, a economicidade e a modicidade, como apresenta a Figura 4.5.

Figura 4.5 – Aspectos de racionalidade

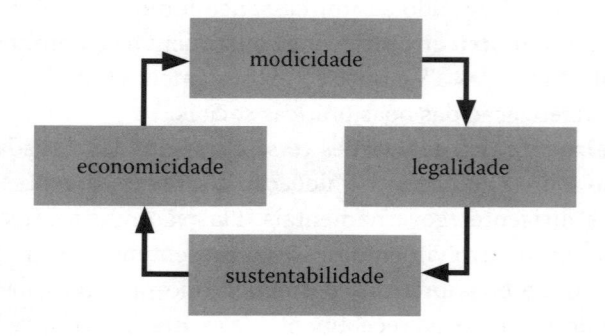

```
         ┌──────── modicidade ────────┐
         │                            ▼
   economicidade                  legalidade
         ▲                            │
         └────── sustentabilidade ◄───┘
```

Fonte: Adaptado de Gomes; Lopes, 2010, p. 108.

Os aspectos da racionalidade estão em conformidade com o segundo circuito da burocracia, no qual são materializados os projetos com base nos critérios básicos (para proporcionar sua operacionalização), uma vez que contam com uma rede de parceiros que implementam essas práticas. Para isso, as orientações devem ser claras e precisas.

Nesse sentido, Lassance Junior e Pedreira (2004) apontam que as tecnologias indicam parceiros institucionais, como prefeituras, governos estaduais, entre outros. Tratam-se das autoridades que podem orientar as burocracias na lógica administrativa no processo de implementação das práticas inovadoras.

O **terceiro circuito** diz respeito à academia. Os procedimentos se realizam por meio de mecanismos complexos, pelos quais são explicitadas as relações operacionais, uma vez que existe uma tendência de demonstrar *o que* é feito e uma dificuldade em explicar *como* é feito. Dessa forma, imprimir a racionalidade técnica é imprescindível para sua legitimação. Nesse circuito, vale lembrar que a pesquisa e a extensão universitária podem ser aliadas no desenvolvimento de práticas populares, validado pela academia como o *lócus* de *status* de legitimação.

O **quarto circuito** traz os movimentos populares, que representam o *status* de legitimidade das tecnologias, uma vez que elas se tornam efetivamente sociais quando recebem o aval desses movimentos.

Figura 4.6 – Integração dos circuitos na efetivação das TS

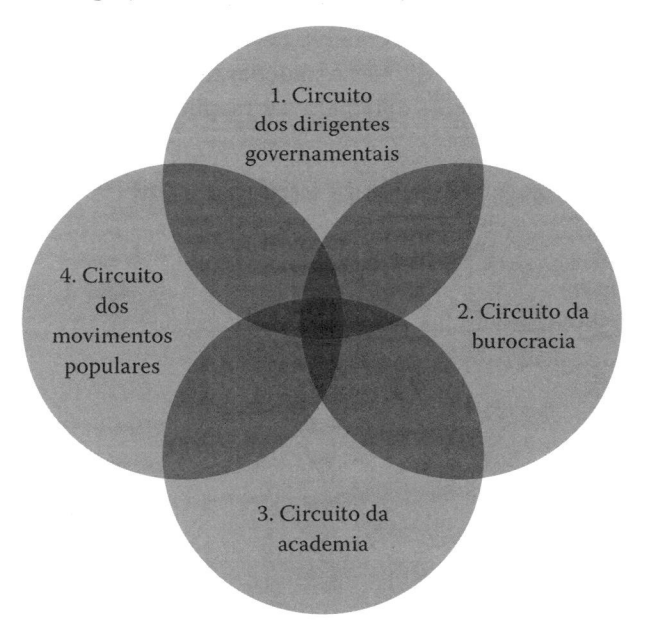

[Diagrama com quatro círculos sobrepostos:
1. Circuito dos dirigentes governamentais
2. Circuito da burocracia
3. Circuito da academia
4. Circuito dos movimentos populares]

Para que a tecnologia social se efetive, é de extrema importância a inter-relação entre os circuitos, pois cada ator tem seu papel no desenvolvimento da ação e, consequentemente, na ferramenta apropriada para sua implantação.

Devemos levar em conta que, para a implantação das TS, é necessário considerarmos a organização das comunidades, a qual coloca em evidência o que foi pensado e planejado, levando-se em conta o conhecimento dispensado à organização da ideia e os materiais destinados para sua execução, tudo isso pensando no impacto que será gerado para a comunidade. As experiências que não foram sucesso também são importantes e servem de base para os ajustes e de apoio para a solução de problemas.

Sendo assim, os passos indicados na Figura 4.7 possibilitam a implantação das TS. Isso acontece a partir de uma ideia, seguida de um planejamento, que vai nos levar à busca de conhecimento e aprimoramento para concretizar a execução, que vai nos dar as possibilidades de ajustes e soluções dos problemas, até a ideia estar completamente apta para ser reaplicada.

Figura 4.7 – Passos de implantação das tecnologias sociais

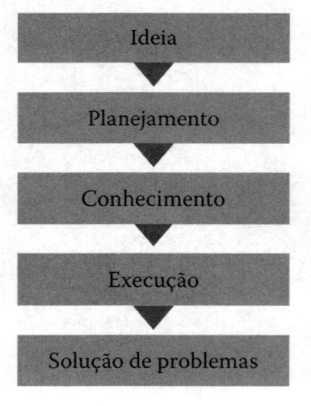

Ideia
▼
Planejamento
▼
Conhecimento
▼
Execução
▼
Solução de problemas

Como vimos, o processo de construção das TS está diretamente ligado ao processo dos autores envolvidos, o que deve ser levado em conta (Lassance Junior; Pedreira, 2004), pois devemos seguir o círculo de construção, dando evidência ao responsável pela autoria da tecnologia, no caso de um autor ou grupo de autores, e dando os créditos a quem de fato pertence a ideia. É o que vemos na Figura 4.8.

Figura 4.8 – Processo de construção

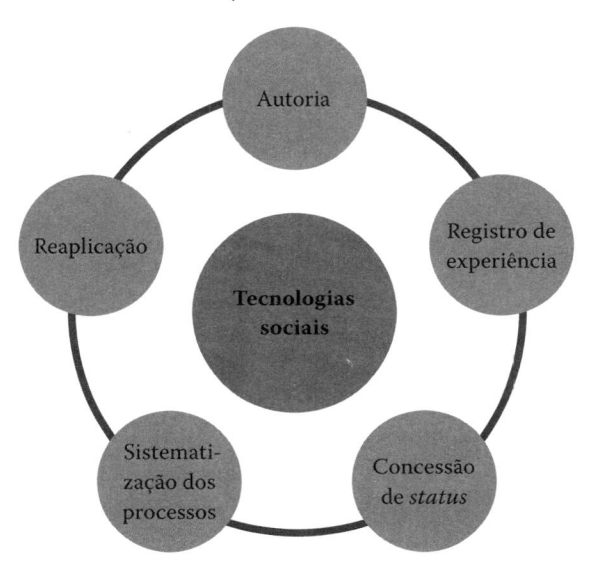

Diagrama circular com "Tecnologias sociais" no centro e cinco elementos ao redor: Autoria, Registro de experiência, Concessão de *status*, Sistematização dos processos, Reaplicação.

Nesse círculo, devemos estar atentos para o fluxo que se inicia no reconhecimento da autoria de quem criou as TS. Isso envolve o registro de experiência, ou seja, a documentação das experiências por meio de textos. Até mesmo filmes e fotografias para um determinado grupo ou comunidade muitas vezes se caracterizam como primeiros documentos. A excelência pela inovação é uma forma de referência para outras iniciativas. A sistematização dos processos de construção transforma os conhecimentos em ação e possibilita o aprimoramento destes pelas comunidades científicas. A reaplicação e o conhecimento da solução, por sua vez, podem servir de exemplo e serem aplicados por outros. Para isso, basta que se explique como se faz e que se criem referências.

Essas ações são materializadas por intermédio de uma rede de atores que facilitam a troca de saberes e informações. Essas trocas poderão dar suporte a outras iniciativas mais insipientes, tornando-se decisivas na reaplicação e na consolidação de novas iniciativas de TS. Dessa maneira, devemos considerar que o serviço social precisa possibilitar práticas no âmbito das tecnologias sociais e em prol de soluções para as demandas que se apresentam no contexto contemporâneo. Só assim o serviço social ganhará notoriedade nos espaços comunitários e na luta para o enfrentamento das situações sociais.

Síntese

Neste capítulo, abordamos a gestão social e suas características, entendendo que ela se constitui um dos espaços de exercício profissional do assistente social. Estudamos esse espaço de modo a compreendê-lo para além da filantropia, destacando o conceito de gestão social e dando ênfase a elementos emergentes dessa prática, como a economia solidária. Abordamos, ainda, as tecnologias sociais (TS) como formas de atacar as mazelas sociais e também falamos sobre a relação entre os três setores – Estado, mercado e sociedade civil.

Em resumo, foi possível perceber que a gestão social, entendida como gestão das demandas e necessidades dos cidadãos, não é efetivada exclusivamente pelo Estado. Dessa forma, ela chama novos atores para a realização dos serviços sociais. Assim, o mercado, por meio de empresas e do chamado *terceiro setor*, aparece como uma alternativa de organização que pode assegurar a participação cidadã, trazendo respostas inovadoras ao enfrentamento da questão social. Nesse cenário, surge a gestão social emergente, trazendo novas formas de combate às vulnerabilidades sociais, como a miséria, o desemprego, a violência etc. Como exemplo, trouxemos a economia solidária (ES) e as tecnologias sociais (TS), que buscam soluções coletivas para as mazelas sociais.

Questões para revisão

1. Descreva o que são as tecnologias sociais.

2. Na sua cidade, você consegue identificar alguma tecnologia social? Do que se trata? Quem são os beneficiários? Que benefícios trouxe à comunidade?

3. Sobre a economia solidária, marque as afirmativas a seguir como verdadeiras (V) ou falsas (F):
   ( ) Podemos tomar como exemplos de economia solidária: associações, clubes de troca, empresas autogestionárias e redes de cooperação que realizam atividades de produção de bens, prestação de serviços, finanças solidárias, trocas, comércio justo e consumo solidário.
   ( ) As características principais da economia solidária são cooperação, autogestão, dimensão econômica e solidariedade.
   ( ) Ela exige um Estado com uma proposta clara de desenvolvimento e que contemple teses como as do desenvolvimento endógeno e sustentável, além da necessidade da distribuição de renda e de oportunidades.
   ( ) Ela é uma economia fundamentada na democracia e na autogestão e voltada para a superação do trabalho subalterno pelo trabalho emancipado.
   Agora, assinale a alternativa que corresponde à sequência correta:
   a) F, V, V, F.
   b) F, V, F, V.
   c) V, V, V, V.
   d) V, V, F, V.

4. Sobre o conceito de gestão social, assinale a alternativa correta:
   a) Embora existam três setores, as ações públicas são formadas apenas pelo Estado.
   b) O Estado não tem poderes para chamar parcerias para compor seu papel diante das necessidades e demandas sociais.
   c) O Estado decide as políticas públicas por meio da gestão das demandas e necessidades dos cidadãos; portanto, é o único responsável pela concretização das ações dos serviços sociais.
   d) Sabemos que a gestão das ações sociais públicas se constitui por meio dos diferentes segmentos sociais, seja no âmbito governamental, seja no âmbito não governamental.

Gestão social

5. Marque as afirmativas a seguir como verdadeiras (V) ou falsas (F):

( ) No que se refere às fases da tecnologia social, a criação é uma fase que precisa de visibilidade para ser requisitada como solução.

( ) Podemos afirmar que, no Brasil, a gestão social se apresenta, basicamente, em torno de cinco modalidades, que são: gestão patrimonial, gestão tecnoburocrática, gestão gerencial, gestão democrático-participativa e gestão em rede.

( ) No que se refere ao ciclo de metodologia da gestão social, podemos afirmar que a implementação é uma ação participativa que se inicia com a realização do diagnóstico. É onde são definidas as estratégias de ação.

( ) Quando falamos em *segundo setor*, estamos nos referindo ao Estado, responsável pelas ações governamentais por meio dos poderes Executivo, Legislativo e Judiciário.

Agora, assinale a alternativa que corresponde à sequência correta:
a) F, V, F, F.
b) F, V, V, F.
c) F, F, F, F.
d) F, V, F, V.

Questões para reflexão

No decorrer deste capítulo, afirmamos, com base em Silva (2004), que a gestão social se ocupa da ampliação do acesso à riqueza social – material e imaterial – na forma de fruição de bens, recursos e serviços, e que ela pode ser entendida como direito social, sob valores democráticos como equidade, universalidade e justiça social.

1. Com base nisso, apontamos para a economia solidária como um modelo de gestão social. Levando em conta essas afirmações, você consideraria a economia solidária como o principal modelo de gestão social na prática diária do assistente social? Por quê?

2. Você consideraria que, em algum momento da prática do serviço social, a gestão solidária não seria conveniente ou a melhor opção?

Para saber mais

QUANTO vale ou é por quilo? Direção: Sérgio Bianchi. Brasil: Riofilme Produção, 2005. 104 min.

Esse filme traça um paralelo entre o período da escravidão e a sociedade contemporânea, fazendo uma analogia entre o comércio de escravos de antes e a exploração contemporânea do marketing *social, mostrando as formas de relações no contexto social.*

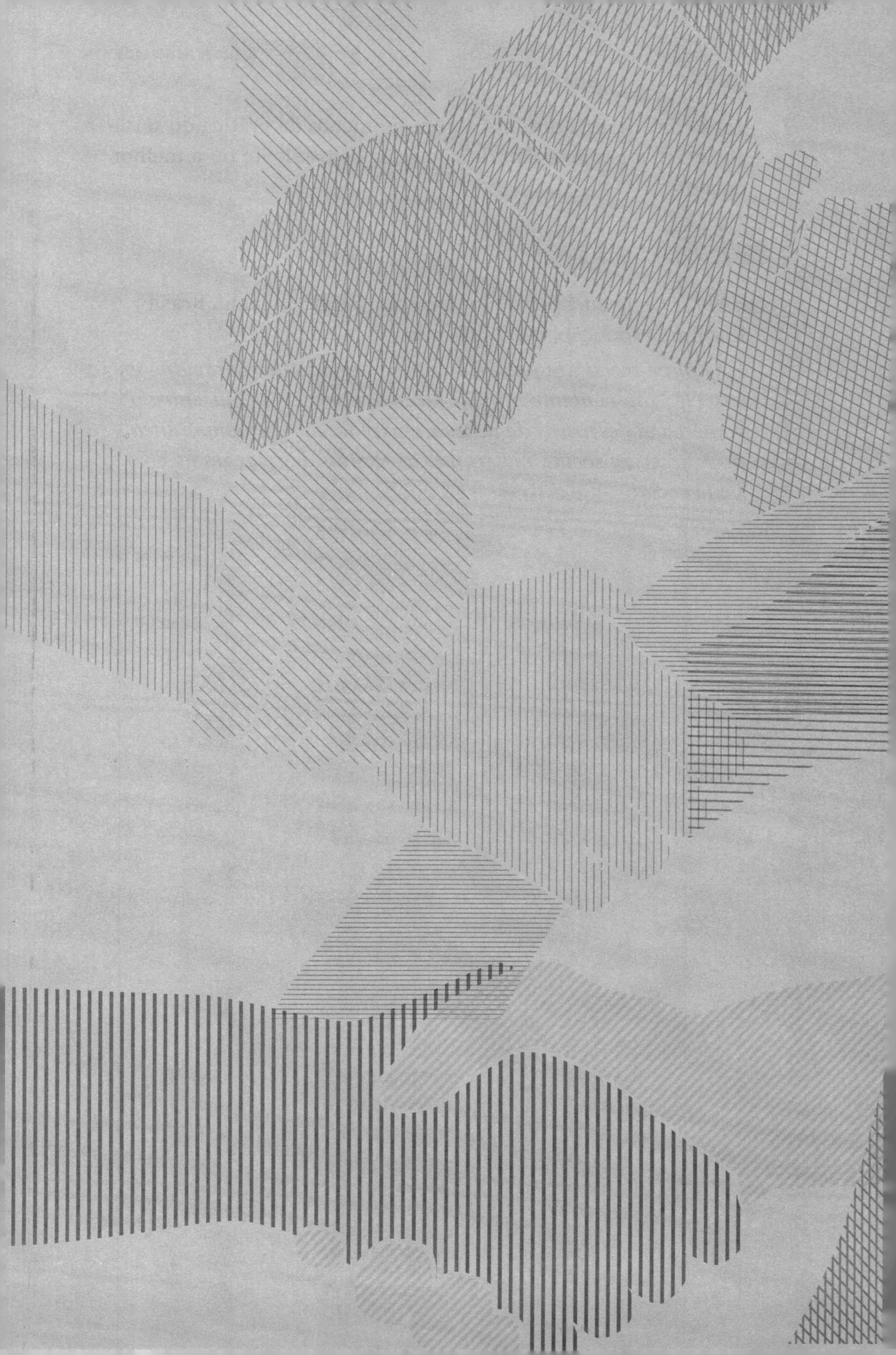

CAPÍTULO 5

Gestão das políticas públicas

Conteúdos do capítulo:

- Modelos de gestão das políticas públicas.
- A gestão no Estado de bem-estar social e a evolução do Estado de bem-estar social brasileiro.
- Conceito de neoliberalismo e seus princípios básicos.
- Gestão da política pública social no neoliberalismo.
- Gestão da política de assistência social.

Após o estudo deste capítulo, você será capaz de:

1. identificar o que e quais são as características principais dos vários modelos de políticas públicas;
2. discorrer sobre o Estado de bem-estar social e sobre a evolução dele no Brasil;
3. evidenciar o conceito de neoliberalismo e seus princípios, bem como entender a gestão das políticas públicas relacionadas a ele;
4. compreender que as políticas públicas são formadas por meio de planejamentos governamentais;
5. reconhecer que o objetivo das políticas públicas é alocar meios e recursos estatais e que isso pode ocorrer por meio de parcerias com o setor privado;
6. compreender as políticas públicas como as bases de legitimação do Estado.

A Constituição de 1988 (Brasil, 1988) instituiu mudanças nos espaços institucionais das políticas brasileiras, impulsionada pela nova ordem social, e tornou a parceria entre Estado e sociedade civil um imperativo na gestão da política pública. A partir daí, pudemos observar que a gestão social tem, com a sociedade e com os cidadãos, o compromisso de assegurar, por meio das políticas e dos programas públicos, o acesso efetivo a bens, serviços e riquezas da sociedade. Por isso mesmo, uma gestão precisa ser estratégica e consequente (Carvalho, 1999). No contexto da gestão social, existe a necessidade de que as instituições responsáveis pelas políticas públicas pensem em formas operacionais de ações que possam ser mais flexíveis e participativas, envolvendo a negociação e a participação dos usuários e demais atores das políticas.

Não existe uma definição unívoca sobre o que seja *política pública*. Para Peters (1986), é a soma das atividades dos governos que influenciam a vida dos cidadãos, enquanto que, para Dye (2016), são as escolhas do governo do que fazer ou não fazer em relação à superação dos problemas. Reparamos, contudo, que essas vertentes deixam de lado a ideia de *cooperação*, entre outros atores sociais.

Souza (2006) afirma que as definições de *políticas públicas*, mesmo as minimalistas, guiam o nosso olhar para o *lócus* onde os embates em torno de interesses, preferências e ideias se desenvolvem, isto é, os governos. Outra ponderação a respeito das políticas são as dimensões de interdisciplinaridades que a compõem e seus processos para desencadear as ações. Desse modo, para desenvolver nossos estudos, buscamos bases em ciências como a sociologia, a economia, a ciência política, a antropologia e a gestão, uma vez que estas incidem diretamente na sociedade brasileira.

Ainda de acordo com Souza (2006), a formulação de políticas públicas se constitui no estágio em que os governos democráticos traduzem seus propósitos e plataformas eleitorais em programas e ações. Esses, por sua vez, produzirão resultados ou mudanças no mundo real. Sendo assim, as políticas são materializadas por meio de planos, programas e projetos, que são submetidos a monitoramento e avaliação. Para sua concretização, vários modelos de políticas públicas foram organizados, porém, neste capítulo, apresentaremos apenas alguns, os quais nos darão uma visão e um norte de como esse tema vem sendo estabelecido pelos governantes.

5.1 Modelos de gestão das políticas públicas

No campo das políticas públicas, podemos destacar alguns modelos que serviram de base para a explicação e a compreensão das decisões que os governos tomam para executar determinadas ações ou, até mesmo, para não as executarem, mesmo que representem diferencial na vida da população. Como fazem as escolhas? Que princípios indicam este ou aquele caminho? O que leva à adoção desta ou de outra medida?

Lowi (1964, citado por Souza, 2006) desenvolveu a mais conhecida teoria sobre o tema, que divide a política pública em quatro formatos:

1. distributivas;
2. regulatórias;
3. redistributivas;
4. constitutivas.

O autor explica individualmente cada um desses formatos de políticas públicas:

> **O primeiro** é o das políticas **distributivas**, [que são] decisões tomadas pelo governo, que desconsideram a questão dos recursos limitados, gerando impactos mais individuais do que universais, ao privilegiar certos grupos sociais ou regiões, em detrimento do todo. **O segundo** é o das políticas **regulatórias**, que são mais visíveis ao público, envolvendo burocracia, políticos e grupos de interesse. **O terceiro** é o das políticas **redistributivas**, que atinge maior número de pessoas e impõe perdas concretas e no curto prazo para certos grupos sociais, e ganhos incertos e futuro para outros; são, em geral, as políticas sociais universais, o sistema tributário, o sistema previdenciário e são as de mais difícil encaminhamento. **O quarto** é o das políticas **constitutivas**, que lidam com procedimentos. Cada uma dessas políticas públicas vai gerar pontos ou grupos de vetos e de apoios diferentes, processando-se, portanto, dentro do sistema político de forma também diferente. (Lowi, 1964, citado por Souza, 2006, p. 28, grifo nosso)

Ao analisarmos os **quatro formatos de políticas públicas**, podemos destacar que, apesar do embasamento ser apoiado em construções de 1964, os desígnios das políticas continuam os mesmos e servem de referência para os moldes atuais.

5.1.1 Incrementalismo

Os recursos governamentais para um programa, um órgão ou uma dada política pública partem de **decisões incrementais** que desconsideram mudanças políticas ou mudanças substantivas nos programas públicos. Essa tipologia percebe a política pública como um ciclo com vários estágios (Souza, 2006), conforme vemos na Figura 5.1.

Figura 5.1 – Ciclo da política pública

- Definição da agenda
- Identificação de alternativas
- Avaliação das opções
- Seleção das opções
- Implementação
- Avaliação

→ Política pública

Fonte: Elaborado com base em Souza, 2006.

Nesse processo, podemos ver que algumas questões são contempladas nas agendas públicas, enquanto não percebemos o ingresso de atores que julgávamos necessários. Dessa forma, ficamos nos perguntando: Como os governos escolhem e definem suas agendas? Com base em Souza (2006), podemos obter três tipos de respostas a essa pergunta:

1. Com a focalização dos problemas, identificando aqueles que necessitam de intervenção.
2. Relacionando-se ao processo eleitoral e observando como se constrói a consciência coletiva. O enfrentamento das necessidades pode se dar pelas mudanças dos partidos políticos ou na ideologia.
3. Pelo vínculo com os participantes, classificados em: visíveis, políticos, mídias, grupos de pressão, invisíveis acadêmicos e burocracia. Nessa perspectiva, os visíveis definem a agenda e os invisíveis, as alternativas.

Dessa forma, podemos destacar que inúmeros são os problemas apresentados pela sociedade, mas, entre eles, apenas alguns são identificados como prioritários na agenda política, a depender dos atores envolvidos, sejam eles visíveis, sejam invisíveis.

5.1.2 Garbage can

O modelo *garbage can*, também denominado *lata de lixo*, parte da premissa de que as alternativas das agendas públicas estão em uma lata de lixo, na qual existem muitos problemas e poucas soluções. É um modelo baseado em tentativa e erro, sendo que vários tipos de soluções vão sendo expostos pelos participantes à medida que vão surgindo.

5.1.3 Coalizão de defesa

A modalidade de coalizão de defesa discorda da visão trazida pelo ciclo da política e pelo *garbage can* por esta não apresentar expectativas de mudanças nas políticas públicas. A coalizão evidencia que a política pública deveria ser concebida como um conjunto de subsistemas que se articulam com os acontecimentos externos, como valores, crenças e ideias. São esses elementos, aliás, que dão os parâmetros para os recursos de cada política pública.

5.1.4 Arenas sociais

As arenas sociais concebem as políticas públicas na visão de empreendedores sociais, visto que é necessário ver o problema e se convencer de que algo precisa ser feito. Souza (2006) aponta que existem três principais mecanismos para chamar a atenção dos formuladores de políticas públicas:

1. divulgação de indicadores da dimensão do problema;
2. eventos como desastres ou repetição continuada do mesmo problema;
3. *feedback* ou informações que mostram as falhas da política atual.

Assim, as arenas sociais são formadas por redes sociais que envolvem contatos, vínculos e conexões, tendo como objetivo o conjunto de relações e trocas entre entidades e indivíduos. Elas partem do estudo de situações concretas para investigar a integração entre as estruturas e as estratégias, o qual é feito num fluxo constante de construção e reconstrução. Seu ponto forte é a investigação dos padrões de relações.

5.1.5 Equilíbrio interrompido

O modelo do equilíbrio interrompido foi baseado em noções de biologia e computação. A contribuição da biologia se dá pela noção de que a política pública se caracteriza por longos períodos de estabilidade, interrompidos por períodos de instabilidade que geram mudanças nas políticas anteriores. Da computação, a noção vem da ideia de que os seres humanos têm capacidade limitada de processar informação, motivo pelo qual as questões se processam uma de cada vez, fazendo mudanças com base na experiência de implementação e de avaliação, sendo que somente em períodos de instabilidade ocorre uma mudança mais profunda.

Esse modelo permite entender que um sistema político pode agir tanto de forma incremental – isto é, mantendo o *status quo* – como passar por fases de mudanças mais radicais nas políticas públicas. A construção de uma imagem sobre determinada decisão ou política pública é fundamental ao modelo, ficando com a mídia o papel preponderante nessa construção.

5.1.6 Novo gerencialismo público e ajuste fiscal

Os modelos de novo gerencialismo público e de ajuste fiscal são voltados à busca da eficiência, principal objetivo de qualquer política pública. Buscam, ainda, a credibilidade e a delegação para instituições com "independência" política.
São esses formatos que guiam, hoje, o desenho das políticas públicas mais recentes. Apesar da aceitação de várias teses do *novo gerencialismo público* e da experimentação de delegação de poder para grupos sociais comunitários ou que representam grupos de interesse, os governos continuam tomando decisões sobre situações-problema e desenhando políticas para enfrentá-las. Porém, acabam delegando parte de sua responsabilidade, principalmente com a implementação, para outras instâncias, inclusive as não governamentais (Souza, 2006).
Cabe destacar os principais elementos constitutivos desses atuais modelos com base nas ideias Souza (2006):

- distinção entre o que o governo pretende fazer e o que realmente faz;
- envolvimento dos diversos atores e níveis de decisão;
- não limitação a leis e regras;
- ação intencional, com objetivos a serem alcançados;
- impacto a longo prazo, apesar de ações a curto prazo;
- implementação, execução e avaliação.

> Para esta obra, nossa pretensão se estabelece em focar o debate nas políticas públicas no âmbito do serviço social, mais especificamente na política de assistência social. Uma dessas relações consideradas fundamentais é a que se estabelece entre o Estado e as políticas que este implementa em uma determinada sociedade e em determinado período histórico (Höfling, 2001). É importante compreender os fatores de diferentes natureza e determinação nas políticas implementadas

> por um governo, principalmente quando eles são focalizados em assistência, saúde, previdência, habitação, saneamento, entre outros.

Nesse sentido, como salienta Höfling (2001), as políticas públicas de responsabilidade do Estado não podem ser reduzidas a políticas estatais. As políticas sociais se referem a ações implementadas pelo Estados e voltadas para a redistribuição dos bens sociais, as quais determinam o padrão de proteção social a fim de diminuir as desigualdades estruturais produzidas pelo desenvolvimento socioeconômico.

As políticas sociais, inclusive, têm seu surgimento associado ao capitalismo, com conflitos entre capital e trabalho, no desenvolvimento das primeiras revoluções industriais. Dessa forma, entendemos a assistência social como uma política pública de corte social, de responsabilidade do Estado.

Se voltarmos na história, no capitalismo concorrencial, o Estado tinha algumas funções que ainda podem ser observadas na atualidade (Neto, 1992, citado por Granemann, 2006), como proteger a propriedade privada, agir em situações emergenciais e formar e controlar a defesa e a repressão – os exércitos. A diferença é que, naquele período, o Estado não desenvolveu políticas sociais e a questão social ainda era encarada como caso de polícia.

Já no capitalismo monopolista, conforme Netto (1992), as funções políticas do Estado imbricavam-se organicamente com as funções econômicas. Dessa forma, o Estado também intervia no mercado e regulava a economia como forma de assegurar a reprodução da ordem social do capital. Esse era o *lócus* da política social.

No século XIX, surgiram as primeiras iniciativas, consideradas protoformas[1], que tiveram seu marco nas ações de Otto Von Bismark (1815-1898). Ele foi um político alemão com ação de

---

1 Frequentemente relacionadas à filosofia tomista (a serviço das classes dominantes), as *protoformas* são instituições sociais de origem confessional e constituem-se em iniciativas de prática de caridade, ajuda e solidariedade.

repressão à organização dos trabalhadores, ao mesmo tempo em que instituiu leis de acidente de trabalho.

Nesse período, houve a crise dos Estados Unidos, com o *crash* da Bolsa de Valores de Nova Iorque, que contribuiu para a crise econômica mundial e, naquele país, também recebeu a denominação *A Grande Depressão*. Ela devastou o país, deixando milhares de desempregados, levando empresas à falência e gerando redução nos campos mercantis e agrícolas. Essa crise só não assolou a União Soviética, que era regida pelo regime socialista. No restante do mundo, surgiu um vínculo entre o Estado e o universo das relações econômicas, principalmente no governo de Roosevelt, nos Estados Unidos. Assim, medidas de intervenção do Estado se fizeram necessárias para o enfrentamento das dificuldades que todos atravessavam, o que deu origem à Nova Política. Por meio dela, o Estado passava a intervir na economia em prol do crescimento.

Granemann (2006) aponta que a consolidação e a expansão de novas formas e funções do Estado capitalista tiveram sua plena concretização com o fim da Segunda Guerra Mundial, em especial no continente europeu, que havia sido destruído pelo conflito. Com isso, enormes programas de intervenção estatal foram incentivados, sendo denominados *Estados de bem-estar social* (*Welfare States*).

5.2 Gestão no Estado de bem-estar (*Welfare State*)

Welfare State é uma expressão utilizada pelos ingleses e criada na década de 1940 para designar o Estado de bem-estar social. Segundo Granemann (2006), sua formação realizava intervenção na economia ao direcionar os investimentos, estimular a produção, efetivar obras públicas e controlar os níveis de emprego para que estes fossem os mais altos possíveis ao modo de produção capitalista. Além disso, o Estado de bem-estar social promovia políticas sociais de proteção ao trabalho, como saúde, previdência, habitação, educação etc.

Os problemas da industrialização no seio da população exigiam novas formas de mecanismos de coesão e integração social, uma vez que os mecanismos tradicionais, como a família e outras instituições ditas "clássicas", perderam as funções agregadoras. Draibe (1989) e Aureliano (1990), citados por Vera Nogueira (2001), afirmam que a expansão da proteção pública está associada às necessidades de minimizar os riscos das formas de produção e reprodução da força de trabalho. Tem-se, assim, a seguinte definição do *Welfare State*:

> forma de regulação social que se expressa pela transformação das relações entre o Estado e a economia, entre o Estado e a Sociedade, a um dado momento do desenvolvimento econômico. Tais transformações se manifestam na emergência de sistemas nacionais [...] públicos ou estatalmente regulados de educação, saúde, integração e substituição de renda, assistência social e habitação que, a par das políticas de salário e emprego, regulam direta ou indiretamente o volume, as taxas e o comportamento do emprego e [do] salário da economia, afetando, portanto, o nível de vida da população trabalhadora. (Draibe, 1993, p. 19)

Esse ponto de vista está apoiado em três vertentes destacadas por Nogueira (2001, p. 91), que se apoiou nas ideias de Arretche (1995) e Draibe (1988):

> 1. o aumento do número de trabalhadores dependentes do mercado aumenta, bem como o de aposentados, o de acidentados no trabalho, etc., enquanto o potencial assistencial das redes primárias – família e comunidade, diminui;
> 2. o caráter cíclico da produção exige que se estabeleça alguma forma de proteção do trabalhador desempregado. Assim, o excedente de mão de obra, fenômeno típico do capitalismo monopolista, exigiria, de per si, formas de regulação da força de trabalho via gestão estatal;

3. a mobilização operária, devido à urbanização e localização espacial das fábricas e formas de produção fordista, potencializam os riscos de um confronto ideológico, que ameaça a ordem capitalista.

Em contrapartida, alguns autores de vertente marxista associam o *Welfare State* à própria dinâmica cíclica do capitalismo. Nesse sentido, Francisco de Oliveira (1988) o identifica como um padrão de financiamento público da economia capitalista, em consequência das políticas originalmente acíclicas de teorização *keynesiana*. Assim, o fundo público financiaria, com base em regras pactuadas em uma esfera pública, tanto a produção como a reprodução da força de trabalho (Oliveira, 1988, citado por Nogueira, 2001).

De acordo com esse raciocínio, os seguidores dessa linha alegam a emergência de um novo padrão de regulação social. Ele seria ancorado nas seguintes situações (Nogueira, 2001, p. 92):

- [...] os assalariados, reunidos em torno de interesses coletivos, impuseram a sua participação no mercado de trabalho;
- [...] o caráter cíclico da produção tornou necessária uma proteção mínima ao desemprego;
- [...] pela contribuição que o novo modo de regulação oferece em termos de benefícios ou vantagens para o aumento das taxas de acumulação, minorando os efeitos ou reduzindo a instabilidade das crises cíclicas do capital.

Offe (1984) sinaliza que a industrialização e o capitalismo corroboraram os problemas ao arrasar estruturas de vida social, tentando convencer a população de que o assalariamento seria a melhor forma de satisfação das necessidades básicas. Também afirma que o desdobramento necessário da dinâmica de evolução dessas sociedades é mais do que funcional, uma vez que existem pequenas margens para opções. Em outras palavras, seria como dizer que são as condições econômicas e sociais que determinam a emergência do *Welfare State*, e não as opções do campo político (Arretche, 1995, citado por Nogueira, 2001).

Vianna (1998) salienta que, com as mudanças realizadas no processo de acumulação, geradas a partir dos anos 1930, há uma redefinição no papel do Estado por meio da criação de bases econômicas, políticas e ideológicas para o provimento público do bem-estar: "A difusão do fordismo como modelo de organização industrial e a imensa aceitação das propostas keynesianas foram elementos essenciais para a construção do conceito de seguridade social" (Vianna, 1998, p. 17, citado por Nogueira, 2001, p. 93).

Outro aspecto a ser ponderado é a construção da cidadania social, fenômeno típico do século XX e tido como um dos fundamentos nucleares do *Welfare State*. Assim, "um sistema político com igualdade de cidadania é na verdade menos do que igualitário se faz parte de uma sociedade dividida por condições de desigualdade" (Barbalet, 1989, p. 11, citado por Nogueira, 2001, p. 93). Cabe aqui retomarmos os direitos que se constituem nas esferas civis, políticas e sociais. Acompanhe no Quadro 5.1.

Quadro 5.1 – Direitos das esferas civis, políticas e sociais

Direitos civis	Direitos políticos	Direitos sociais
▪ Necessários à liberdade individual; ▪ direito de ir e vir; ▪ de pensar livremente; ▪ de expressar uma fé; ▪ direito à justiça.	▪ Escolhas de projetos e proposta de sociedade; ▪ exercício do voto (votar e ser votado); ▪ participação do poder político.	▪ Bem-estar econômico e de segurança; ▪ participação na herança social; ▪ ser civilizado de acordo com os padrões que se estabelece na sociedade.

Fonte: Elaborado com base em Nogueira, 2001.

Para Rosanvallon (1981, p. 18, citado por Nogueira, 2001, p. 94), "o atual Estado de bem-estar é um 'aprofundamento e uma extensão do Estado protetor clássico' [...], que se instituiu entre os séculos XV e XVIII". Além disso, ele "pode ser definido como Estado protetor – protetor das prerrogativas civis individuais – vida e liberdade, por meio de um pacto social estabelecido entre os homens" (Nogueira, 2001, p. 94)

No caso brasileiro, a intervenção do Estado é específica, mas preserva características das tendências gerais (Draibe, 1993).

5.2.1 Evolução do Estado de bem-estar social brasileiro

No século XX, no período entre os anos 1930 e 1970, a economia brasileira tinha como base a indústria em plena expansão. O Estado buscava o desenvolvimento e, com isso, a evolução do sistema de proteção, que foi construído nesse período. Suas primeiras ações tinham como base a regulação da organização dos trabalhadores assalariados, embora, por outro lado, tentassem anular a legitimidade das lideranças trabalhistas. Medeiros (2001) aponta que, durante as políticas sociais no período de 1930 a 1945, o papel do Estado foi crescendo nas áreas previdenciárias e trabalhistas, com a criação do Ministério do Trabalho, Indústria e Comércio.

Antecedendo esse período, a proteção social estava relacionada ao ano de 1923, com a criação da Lei Eloy Chaves, que propôs a primeira Caixa de Aposentadorias e Pensões, destinada primeiramente aos trabalhadores de empresas ferroviárias e sendo estendida a outros setores no ano de 1926. Nesse mesmo período, foram criados ainda os Institutos de Aposentarias e Pensões, divididos por categorias profissionais.

No ano de 1930, foi criado o Ministério da Educação e Saúde Pública. Nessa época, o Ministério ficava responsável pela saúde coletiva da população, sendo que os cuidados médicos eram restritos aos trabalhadores. As ações assistenciais ficavam a cargo de iniciativas privadas destinadas à proteção da maternidade, infância e adolescência (Pasinato, 2009).

Em 1943, as leis trabalhistas foram organizadas na Consolidação das Leis do Trabalho (CLT), que incluía regulamentação do horário do trabalho, trabalho da mulher e do menor, férias, salário mínimo, estabilidade, pensões e aposentadorias (Guerreiro, 2010).

Percebemos, assim, que, até os anos 1960, o sistema de proteção social no Brasil se configurou como uma política voltada para os trabalhadores regulados. Depois disso, passamos por um período de cerceamento de liberdade, que compreende os anos entre 1964 e 1985, quando houve uma queda da renda e, consequentemente, do crescimento das desigualdades sociais. Nesse período, contudo, podemos observar o desenvolvimento de alguns aspectos do Estado de bem-estar social, com a ampliação dos direitos sociais e a criação, em 1966, do Instituto Nacional de Previdência Social (INPS). Ele foi o responsável por unificar todo o sistema e substituir os antigos institutos de aposentadorias e pensões, uniformizando os benefícios. Em 1971, houve a criação do Fundo de Assistência ao Trabalhador Rural (Funrural), que incluiu trabalhadores rurais no sistema previdenciário, embora ainda fosse separado do INPS. Em 1972, os trabalhadores domésticos também foram incluídos no sistema, mas os trabalhadores sem empregos formais permaneceram excluídos.[2]

Percebemos, assim, que a ditadura militar expandiu os benefícios para um grupo que permanecia excluído, mas, por outro lado, nivelou a segurança social em níveis baixos, acarretando o deslocamento do sistema público da classe média assalariada. Assim, foi estabelecido um sistema de proteção social, que teoricamente abrangia toda a população. Entretanto, como aponta Vianna (1998), ele era seletivo e focava no atendimento precário dos mais pobres.

Foi quando a Nova República chegou, e com ela a "Constituição Cidadã" de 1988, que trouxe avanços na área dos direitos. O *Welfare State* brasileiro passou a ter uma característica de centralização política e financeira em nível federal, com fragmentação institucional e uso clientelístico das políticas

---

2 É válido ressaltar a diferença entre os que trabalham por conta própria (autônomos) e os que não têm emprego formal, pois estes são frequentemente confundidos: o primeiro grupo paga a previdência, enquanto o segundo, por exercer a função sem o respaldo dos direitos trabalhistas (como no caso dos catadores de lixo e das faxineiras), não tem a cobertura da previdência.

sociais, o que reduzia a capacidade do funcionamento dessas políticas como mecanismo redistributivo (Draibe, 1993).

A Constituição de 1988 apresentou um conjunto de direitos dos cidadãos à proteção social: as garantias de direito à saúde, à previdência e à assistência social. Foi um marco para os direitos sociais no Brasil, que ampliou o sistema de proteção social, bem como instituiu os princípios de universalização, equidade e integralidade. Isso definiu alguns pontos importantes, como:

- criação do Sistema Unificado de Saúde (SUS), apoiado no direito universal à saúde;
- definição de piso mínimo para os benefícios;
- criação do seguro-desemprego;
- instituição da previdência rural, que foi acoplada à previdência urbana, estendendo os benefícios às mulheres;
- redução da idade de aposentadoria, sendo, na época, de 60 anos para homens e 55 para mulheres.

A nova Constituição inaugurou, portanto, um novo sistema de proteção social, pautado numa concepção de seguridade social que universalizava os direitos sociais.

O atual Estado de bem-estar social brasileiro tinha um histórico marcado pela tradição e pelo conservadorismo, que só foi quebrado com a Constituição de 1988. O sistema de proteção social, caracterizado ao longo de muitos anos como pontual e fragmentado, resistiu em reconhecer a proteção social como um direito a ser garantido pelo Estado aos indivíduos. Assim, somente com a Constituição de 1988 é que a proteção social passou a ser concebida, de fato, sob a perspectiva de direito da cidadania e configurando, portanto, um Estado de bem-estar.

Assim, o *Welfare State* incluiu programas e medidas necessários ao reconhecimento, à implementação e ao exercício dos direitos sociais reconhecidos em uma dada sociedade como condição de cidadania, gerando uma pauta de direitos e deveres (Teixeira, 1985). Cabe ressaltar, assim, que o Brasil nunca teve um Estado de bem-estar social como nos países do primeiro mundo.

5.3 Gestão da política pública social no neoliberalismo

A gestão da política é exercida por meio de instrumentos que delineiam a ação e o conjunto de medidas que vão sendo adotadas para a efetivação do ideário que compõe essa política. Um desses ideários é definido como *neoliberalismo* e se constitui no conjunto de ideias políticas e econômicas capitalistas que defendem a não participação do Estado na economia. De acordo com essa doutrina, há total liberdade de comércio (livre mercado), pois só assim é garantido o crescimento econômico e o desenvolvimento social de um país. Essa doutrina surgiu na década de 1970 como solução para a crise econômica mundial ocorrida no ano de 1973. O neoliberalismo tem princípios básicos que norteiam o pensamento e a ação que vêm a se constituir como características para a implementação dessa postura política. Entre as principais, destacamos:

- mínima participação do Estado na economia;
- mínima interferência do Estado no mercado de trabalho;
- privatização de empresas estatais;
- circulação de capital internacional;
- globalização;
- entrada de multinacionais;
- protecionismo econômico;
- retração do Estado.

Dessa forma, a promoção do neoliberalismo no Brasil está associada ao Consenso de Washington, que aconteceu nos Estados Unidos em 1989. O governo estadunidense fez uma sugestão de implantação das ideias neoliberais para aqueles que queriam concessão de ajuda financeira externa. Para Teixeira (1998), dois aspectos fundamentais resultaram do Consenso de Washington: a abertura da economia e a redução do Estado, o chamado *Estado Mínimo*.

Na visão de Moraes (2002), o neoliberalismo econômico acentua a supremacia do mercado como mecanismo de alocação de recursos, distribuição de bens, serviços e rendas e como remunerador dos empenhos e engenhos. Nesse imaginário, o mercado é a matriz da riqueza, da eficiência e da justiça. A proposta neoliberal minimiza as ações do Estado no que diz respeito tanto ao poder econômico quanto ao poder político. Dessa forma, ele não deve intervir no livre jogo do mercado, bem como nos complementos salariais para reverter a tendência ao subconsumo (Montaño, 1997).

Com a privatização das empresas estatais, há uma diminuição na arrecadação por vias não impositivas. Elas são agregadas à reforma tributária, com a redução nos impostos diretos, ficando uma sobrecarga nos salários. Com essas manobras, o Estado não arrecada o suficiente para manter seus gastos, principalmente naqueles recursos destinados às políticas sociais (Montaño, 1997).

Podemos somar a essas mudanças a globalização, que trouxe novas regras ao jogo econômico e, consequentemente, trabalhista. As bases estão em modelos importados, principalmente no modelo de produção japonês, que altera as formas de organização e a estruturação do trabalho. Assim, assistimos à flexibilização do trabalho, ou melhor, vemos as mudanças das novas formas de contrato, nas quais há redução de salários e dos direitos trabalhistas. Com essa situação, há um aumento nos níveis de desemprego e as máquinas vão substituindo a mão de obra – que vai se tornando descartável. Para a população, restam os trabalhos precários e temporários.

Essa situação afeta todos os segmentos da população e a desigualdade social fica cada vez mais evidente, cenário em que as intervenções sociais acabam se tornando cada vez mais necessárias. Em outras palavras, essa relação é diretamente proporcional.

Contudo, como o Estado está retraído em suas ações, novos atores são chamados a compor essa dinâmica. Assim, até mesmo as políticas sociais se tornam privatizadas, focalizadas e desconcentradas. Como afirma Montaño (1997, p. 10), há a transformação de "serviços estatais para pobres" para "pobres serviços estatais". Nessa assertiva, está implicada a falência do Estado e a sua argumentação de trazer novos atores para cumprir seu papel.

Nesse contexto, o assistente social, interventor das políticas sociais, também sofre impacto do neoliberalismo, que, com suas artimanhas, vai minimizando sua atuação nas diversas esferas estatais. Assim, se por um lado o Estado vai estreitando seu desempenho social, por outro, vai se alargando nas esferas da sociedade civil, haja vista as novas formas de gestão das políticas públicas sociais.

Loureiro e Ribeiro (2011, p. 296) definem as políticas sociais do neoliberalismo em três pontos principais: "(a) administração racional-econômica dos recursos públicos; (b) terceirização de serviços públicos para a iniciativa privada; (c) focalização das políticas sociais".

Para os mesmos autores, outra prática que aparece ligada ao imperativo da eficiência é a noção de descentralização e participação da comunidade, que na década 1990 passou a fazer parte da formulação de políticas sociais. A participação inclui a atuação da comunidade na administração e a captação de recursos para a manutenção dos projetos – essa seria uma forma de gerir os recursos com mais eficiência.

Paula (2007, p. 147, citado por Loureiro; Ribeiro, 2011) salienta que há um discurso participativo, mas que na prática enfatiza o engajamento da própria burocracia pública ou dos quadros das organizações sociais no processo de gestão. A estrutura e a dinâmica do aparelho de Estado pós-reformista não apontam os canais que permitiriam a infiltração das demandas populares.

No que tange à premissa da terceirização de serviços públicos, importa o fato de que o Estado não precisa ser o único provedor das políticas sociais. Nesse sentido, a incorporação pela esfera privada e sua dinâmica de concorrência deslocariam a gestão de um Estado ineficaz para um setor privado dinâmico e em expansão.

No que se refere à focalização das políticas sociais, os recursos estão destinados a setores que comprovem extrema pobreza. Assim, sua abrangência seria limitada e não se enquadraria em políticas sociais universais, tampouco diria respeito a direitos sociais.

Nesse sentido, Filgueiras e Gonçalves (2007) salientam que se trata de uma política social apoiada num conceito de pobreza restrito, que reduz o número real de pobres, suas necessidades e o montante de recursos públicos a serem gastos. Cabe ressaltar que a Constituição de 1988 instituiu mudanças profundas na proteção social do Brasil, principalmente pelo reconhecimento do caráter universal dos direitos sociais e das responsabilidades do Estado para a materialização de tais princípios. Vianna (2008) salienta que nesse ínterim há um desmonte institucional, orçamentário e conceitual da seguridade social. No governo de Luiz Inácio Lula da Silva, iniciado em 2003, a focalização das políticas sociais, principalmente no que diz respeito à assistência social, ficou mais evidente. A partir desse período, os programas de complemento de renda para os mais pobres ganharam destaque. O programa Bolsa Família foi a principal representação desse tipo de política, que continuou no governo seguinte, de Dilma Rousseff.

Nos preceitos do Bolsa Família, vemos que os eixos principais estão apoiados na transferência de renda para promover o alívio imediato da pobreza, nas condicionalidades com determinantes para o acesso a direitos básicos e nos programas complementares para auxiliar na superação da situação de vulnerabilidade em que muitas famílias brasileiras se encontram (Brasil, 2011, citado por Laureiro; Ribeiro, 2011).

Vianna (2008, citado por Loureiro; Ribeiro, 2011) percebe que a pobreza do presente é vista conforme o modo como um Estado transfere para os indivíduos a responsabilidade pela melhora de suas condições de vida. Loureiro e Ribeiro (2011) salientam que se trata de um fenômeno visto em relações com o modo de produção capitalista e, dessa forma, o Estado passa a se utilizar de uma aparente promoção de recursos para amenizar tensões e manter a localização social dos estratos contemplados. Nesse sentido, a forma de gestão das políticas públicas é alterada, como podemos perceber na seguridade social por meio da mercadorização da saúde, focalização da política de assistência e reforma da previdência (Pereira; Silva; Patriota, 2006). No item a seguir, mostraremos a gestão da assistência social como um exemplo de gestão da política pública no contexto neoliberal.

5.3.1 Gestão da assistência social

Como vimos, a política pública é uma forma de regulação ou intervenção na sociedade. Ela funciona por meio da articulação de diversos sujeitos com interesses e expectativas diferentes e é formada pelo planejamento governamental – que tem o objetivo de coordenar os meios e os recursos do Estado – e também do setor privado para a realização de ações relevantes e politicamente determinadas (Kauchakje, 2008).

Embora a setorialização das políticas seja útil em termos de compreensão de sua abrangência e de ordenamento da gestão pública, isso não significa que elas sejam estanques. Isso quer dizer que uma política pública está estreitamente vinculada a outra, sendo que a separação entre elas se refere ao planejamento, ao orçamento e à execução.

A setorialização das políticas ocorre por áreas temáticas, divididas em políticas ambientais, culturais, econômicas, sociais e as de defesa dos direitos específicos, como idosos, crianças e gênero (Kauchakje, 2008).

Para expor a gestão de uma política pública, escolhemos, neste momento, a **política da assistência social**. Sobre ela, podemos refletir sobre o processo de gestão e planejamento, entendidos de forma integrada como processos sociais democráticos e participativos. É o que nos informam os preceitos da Lei Orgânica da Assistência Social (Loas), a Política Nacional de Assistência Social (PNAS) e o Sistema Único de Assistência Social (SUAS) (Prates, 2006).

Antes de iniciarmos o estudo da gestão da assistência social, vamos voltar no tempo e percorrer o campo da assistência social. Historicamente, ela vinha constituindo suas ações ligadas somente ao campo da caridade e benevolência da Igreja Católica, que por meio das damas da sociedade fazia o bem ao próximo, principalmente à população pobre.

Essa ação nada mais era do que a iniciativa de uma parcela da sociedade que atendia a demandas sociais específicas, identificadas por critérios de valores ou finalidades estabelecidas por preceitos religiosos. Nesse sentido, não se tratava de uma proteção social.

Assim, vamos caracterizar *proteção* tendo como base as ideias de Gomes e Lopes (2010), que dizem que a proteção na esfera pública deve ser planejada por meio de um processo de gestão no qual os gestores públicos se preocuparão com a operacionalização de políticas sociais que tragam soluções para as necessidades da população usuária dos serviços sociais.

Nesse sentido, cabe ressaltar o art. 1º da Loas – Lei n. 8.742, de 7 de dezembro de 1993, que define:

> A assistência social, direito do cidadão e dever do Estado, é Política de Seguridade Social não contributiva, que provê os mínimos sociais, realizada através de um conjunto integrado de ações de iniciativa pública e da sociedade, para garantir o atendimento às necessidades básicas. (Brasil, 1993)

No seu art. 2º, por sua vez, são explicitados os objetivos da assistência social, que seriam: a proteção à família, à maternidade, à infância, à adolescência e à velhice. Além disso, estariam incluídos no trabalho do assistente social o amparo às crianças e aos adolescentes carentes, além da promoção da sua integração no mercado de trabalho. Por fim, há a habilitação e a reabilitação das pessoas com deficiência, assim como a promoção de sua integração à vida comunitária (Brasil, 1993).

Continuando o estudo dessa lei, vemos que, no capítulo 3, art. 6º, fala-se sobre a organização e a gestão. Nele é ressaltado que as ações na área da assistência social são organizadas em um sistema descentralizado e participativo, a fim de "consolidar a gestão compartilhada, o cofinanciamento e a cooperação técnica entre os entes federativos que, de modo articulado, operam a proteção social não contributiva" (Brasil, 1993).

Dessa forma, a gestão da PNAS se dá por intermédio do SUAS, constituído em 2005. Os problemas são identificados nos próprios municípios, o que possibilita maior eficiência dos recursos financeiros e do controle social. A ênfase é dada ao modelo descentralizado e participativo, conforme o art. 5º (diretrizes estruturantes): "II–descentralização político-administrativa [...] e comando único das ações em cada esfera de governo" (Brasil, 1993). De acordo com a Resolução n. 33, de 12 de dezembro de 2012:

> Art. 28. Os Estados, o Distrito Federal e os Municípios serão agrupados em níveis de gestão, a partir da apuração do Índice de Desenvolvimento do SUAS – ID SUAS, consoante ao estágio de organização do SUAS em âmbito local, estadual e distrital.
>
> Parágrafo único. O ID SUAS será composto por um conjunto de indicadores de gestão, serviços, programas, projetos e benefícios socioassistenciais apurados a partir do Censo SUAS, sistemas da Rede SUAS e outros sistemas do MDS.
>
> Art. 29. Os níveis de gestão correspondem à escala de aprimoramento, na qual a base representa os níveis iniciais de implantação do SUAS e o ápice corresponde aos seus níveis mais avançados, de acordo com as normativas em vigor.
>
> Art. 30. Os níveis de gestão são dinâmicos e as mudanças ocorrerão automaticamente na medida em que o ente federativo, quando da apuração anual do ID SUAS, demonstrar o alcance de estágio mais avançado ou o retrocesso a estágio anterior de organização do SUAS. (Brasil, 2013)

Nesse sentido, cada município, de acordo com o número de habitantes, situação de vulnerabilidade e complexidade, devem estruturar suas ações por meio de projetos, programas e benefícios voltados à família, que ganha centralidade nas políticas sociais. Complementando a gestão dos serviços, em 2005, a Norma Operacional Básica – NOB/SUAS foi criada por intermédio da Resolução n. 130, de 15 de julho de 2005 (Brasil, 2005a). Ela disciplina a gestão pública da política de assistência social conforme a Constituição Federal de 1988, a Loas e a legislação complementar aplicáveis nos termos da PNAS – 2004.

De todo modo, vale salientarmos que o caráter do SUAS é o de um sistema público não contributivo, descentralizado e participativo. Ele tem por função a gestão do conteúdo e específico da assistência social no campo da proteção social brasileira.

Os eixos estruturantes do SUAS são (Brasil, 2005b, p. 14):

a. Precedência da gestão pública da política;
b. Alcance de direitos socioassistenciais pelos usuários;
c. Matricialidade sociofamiliar;
d. Territorialização;
e. Descentralização político-administrativa;
f. Financiamento partilhado entre os entes federados;
g. Fortalecimento das relação democrática entre Estado e sociedade civil;
h. Valorização da presença do controle social;
i. Participação popular/cidadão usuário;
j. Qualificação dos recursos humanos;
k. Informação, monitoramento, avaliação e sistematização de resultados.

Os eixos estruturantes da PNAS – 2004 norteiam o direcionamento e a metodologia de trabalho na operacionalização da política de assistência, que define como suas as proteções, as quais podem ser divididas em (Brasil, 2005b):

- proteção social – básica ou especial;
- vigilância social;
- defesa dos direitos socioassistenciais.

A **proteção social** é caracterizada pelo conjunto de ações e cuidados, atenções, benefícios e auxílios para a redução e a prevenção das vicissitudes sociais e naturais ao ciclo da vida. Ela também engloba a dignidade humana e a família como núcleo básico de sustentação afetiva, biológica e relacional. Pode ser dividida em *básica* e *especial*.

A **proteção social básica** tem por objetivo prevenir situações de riscos por meio do desenvolvimento de potencialidades e aquisições, além de fortalecer os vínculos sociais e comunitários. Destina-se à população que vive em situação de vulnerabilidade, decorrente da pobreza, privação ou fragilização de vínculos, e pode ser encontrada nos Centros de Referências de Assistência Social (Cras). Entre os serviços que presta, podemos citar os programas socioeducativos, os benefícios eventuais e de prestação continuada, assim como projetos de capacitação e inserção produtiva.

A **proteção social especial**, por sua vez, tem por objetivo promover a atenção socioassistencial. Destina-se a famílias e indivíduos que se encontram em situação de risco pessoal e social, por ocorrência de abandono, maus tratos (físicos e psíquicos), abuso sexual, uso de substâncias psicoativas, situação de rua, trabalho infantil, entre outros. Pode ser encontrada nos Centros de Referência Especializados de Assistência Social (Creas). Os serviços que presta abrangem desde redes de serviços de atendimento domiciliar, albergues, abrigos e moradias provisórias até redes de serviços de acolhidas para crianças e adolescentes e serviços especiais para pessoas com deficiência. Além disso, dá suporte em situação de riscos circunstanciais.

Essas ações que vimos até aqui podem ser entendidas como **proteção especial de média complexidade** ou **proteção especial de alta complexidade**. Enquanto o primeiro caso se destina a famílias e indivíduos com direitos violados, mas com vínculos que não foram rompidos, o segundo se relaciona a famílias e indivíduos que se encontram sem referência ou em situação de ameaça.

A **vigilância social** tem como objetivo a produção, a sistematização, a análise e a disseminação de informações territorializadas, levando em conta as situações de vulnerabilidade e risco que incidem sobre famílias e indivíduos e os eventos de violação de direitos em determinados territórios; e o tipo, volume e padrões de qualidade dos serviços ofertados pela rede socioassistencial (Brasil, 2015a).

A adequação entre as necessidades da população e a oferta dos serviços, vistos na perspectiva do território, deve ser um tema sob permanente análise da área de vigilância. Essa visão de totalidade é fundamental para a definição de responsabilidade e para o planejamento das ações, integrando necessidades e ofertas.

A vigilância socioassistencial se constitui também como uma área de gestão da informação – dedicada a apoiar as atividades de planejamento, de supervisão e de execução dos serviços socioassistenciais por meio do provimento de dados, indicadores e análises – e deve estar estruturada e ativa em nível municipal, estadual e federal (Brasil, 2015a).

Quanto à **defesa dos direitos socioassistenciais**, dizemos que estes são parte da legislação que diz respeito, na verdade, a todas as condições de vida do ser humano. Referem-se aos direitos que tratam da desigualdade dos desiguais por meio das suas necessidades e possibilidades, tendo por base a Constituição de 1988. São eles:

> o princípio da dignidade humana (Artigo 1º, Inciso 03); dentro dos objetivos da República, o objetivo de erradicar a pobreza e a marginalização e reduzir as desigualdades sociais e regionais (Artigo 3º, Inciso 03); a prevalência dos direitos humanos, que estão presentes, também, nos princípios da República (Artigo 4º, Inciso 03) e a assistência ao desamparado, expressa na forma de direitos sociais (Art. 6º). Assim, os direitos socioassistenciais incluem benefícios, serviços, e são sempre derivados da Constituição Federal e do que está disposto na LOAS, reafirmados na PNAS (2004), na NOB (2005) e NOB/RH (2006), sendo relativos, portanto, às iniciativas estatais de proteção social, vigilância social e defesa dos direitos, tendo sempre por fundamento o princípio da dignidade da pessoa humana. (Freitas, 2009, p. 7)

Dessa forma, cabe destacar que a NOB/SUAS estabelece a gestão compartilhada dos serviços, executada por intermédio da cooperação efetiva entre União, estados, municípios e Distrito Federal. Para a gestão, são apresentados três tipos, os quais detalharemos a seguir.

5.3.2 Tipos de gestão

A **gestão dos municípios** está dividida em três níveis de gestão:

- **Gestão inicial**: Nessa etapa, os municípios têm de comprovar a criação de conselhos e do fundo municipal e elaborar um plano de assistência social.
- **Gestão básica**: Nessa etapa, os municípios têm que se organizar para constituir os Centros de Referência da Assistência Social (Cras) e avaliar a quantidade de equipamento que está relacionada ao porte do município. Aqui também é necessário fazer um diagnóstico das áreas de risco e vulnerabilidade social, bem como da secretaria executiva no Conselho de Assistência Social.
- **Gestão plena**: Nessa etapa, os municípios já devem estar com os outros tipos de gestão descritas implantadas, pois a gestão plena corresponde à capacidade de atuação na proteção especial de alta complexidade. Também há a necessidade de um sistema municipal de monitoramento e avaliação. Assim, o município terá a gestão total das ações da assistência social, que compreendem a sistematização dos instrumentos de gestão, conforme descrevemos a seguir.

Os **instrumentos de gestão** na área da assistência social são: plano de assistência social, orçamento, gestão da informação, monitoramento e avaliação e relatório anual de gestão.

Já o **plano de assistência social** é um instrumento técnico, político e operacional que organiza, regula e norteia a execução da PNAS e define as ações prioritárias a serem desenvolvidas. Consiste no planejamento estratégico, dirigido para a implantação de um sistema de ações articuladas para viabilizar a inserção da PNAS, possibilitando a oferta dos serviços socioassistenciais conforme as reais necessidades das famílias e dos indivíduos.

A estrutura desse plano compreende:

- diagnóstico socioterritorial;
- objetivos gerais e específicos;
- diretrizes e prioridades deliberadas;

- ações e estratégias correspondentes para sua implementação;
- metas estabelecidas;
- resultados e impactos esperados;
- recursos materiais, humanos e financeiros disponíveis e necessários;
- mecanismos e fontes de financiamento;
- cobertura da rede prestadora de serviços;
- indicadores de monitoramento e avaliação;
- espaço temporal de execução.

A União, os estados, o Distrito Federal e os municípios deverão elaborar os planos de assistência social a cada quatro anos. É preciso que eles estejam de acordo com os Planos Plurianuais (PPAs), bem como com o diagnóstico socioterritorial, que dá suporte a esse plano, uma vez que o instrumento capacita a análise socioterritorial e a análise da realidade.

Já o **orçamento** é composto pelo PPA (4 anos) e pelas Diretrizes Orçamentárias – Lei de Diretrizes Orçamentárias (LDO), que integra receitas × despesas e metas), e LOA, que define prioridades e receitas × despesas –, que vão nos dar as rubricas e as ações relativas aos programas.

A **gestão da informação** tem o objetivo de produzir, registrar e disseminar a informação, os processos de fluxos e o controle social e é realizada pelo processamento de dados oriundos de diversas fontes, como: cadastro nacional de entidades prestadoras de serviços socioassistenciais, que constitui a rede SUAS e o sistema SUAS-WEB.

Monitoramento e avaliação é uma função inerente à gestão que tem a capacidade de gerar informações aos gestores, possibilitando executar ajustes necessários para a melhoria de sua operacionalização, realizada por meio de estudos específicos que analisam aspectos como relevância, eficácia, eficiência, efetividade, resultados, impactos de programas e políticas.

Por fim, o **relatório anual de gestão** é o instrumento que apresenta os resultados alcançados na política de assistência social e orienta os redirecionamentos que se fizerem necessários, inclui o cumprimento das realizações, os resultados ou produtos obtidos em função das metas prioritárias estabelecidas no Instituto de Promoção da Assistência Social (PAS) e a aplicação dos recursos. É considerado um meio que controla e avalia a política.

5.3.3 Gestão financeira e orçamentária do SUAS

As gestões financeira e orçamentária do SUAS devem respeitar a Administração Pública, no que diz respeito aos princípios de legalidade, impessoalidade, moralidade, publicidade e eficiência. Correspondem e se materializam no orçamento e nos fundos da assistência social.

A definição financeira e orçamentária corresponde à:

- definição de diretrizes, objetivos e metas;
- previsão da organização das ações;
- provisão de recursos;
- definição da forma de acompanhamento das ações;
- revisão crítica das propostas, dos processos e dos resultados.

Vemos, assim, a efetivação de uma política pública de assistência social que constitui suas bases para contemplar as famílias em situações de vulnerabilidade. O pensamento recai, finalmente, nos que vivem e sobrevivem à relação desigual de um mercado de trabalho flexibilizado e que deixa os trabalhadores à mercê do capital.

Síntese

Neste capítulo, encarregamo-nos de mostrar a gestão das políticas públicas abordando o modelo de gestão pública nas políticas. Para isso, falamos sobre as formas de gestão como incrementalismo, *gabben can*, coalizão de defesa, arenas sociais, equilíbrio interrompido, novo gerencialismo público e ajuste fiscal. Na sequência do capítulo, apresentamos a gestão no Estado de bem-estar (*Walfare State*) e a gestão da política pública de assistência no neoliberalismo.

Como vimos, as políticas públicas são materializadas por meio de planos, programas e projetos, que são submetidos ao monitoramento e à avaliação. Existem vários modelos de políticas públicas, mas as políticas sociais têm seu surgimento associado ao capitalismo, em conflitos surgidos entre capital e trabalho no desenvolvimento das primeiras revoluções industriais. No entanto, no período entre 1930 e 1970, o Estado buscava o desenvolvimento, o que contribuiu para a evolução do sistema de proteção, que foi construído nesse período. Suas primeiras ações tinham como base a regulação da organização dos trabalhadores assalariados, embora também tentassem anular a legitimidade das lideranças trabalhistas.

Só com a Constituição de 1988 é que foi apresentado um conjunto de direitos dos cidadãos à proteção social. Assim, por meio dela, emergiram o direito à saúde, à previdência e à assistência social. Foi um marco para os direitos sociais no Brasil, pois ampliou o sistema de proteção social, bem como instituiu os princípios de universalização, equidade e integralidade. Porém, a gestão da política é exercida por meio de instrumentos que delineiam a ação e o conjunto de medidas que vão sendo adotadas para a efetivação do ideário que compõe essa política. Um desses ideários é definido como *neoliberalismo*, que se constitui no conjunto de ideias políticas e econômicas capitalistas que defendem a não participação do Estado na economia e o seu retraimento diante das políticas sociais, como no caso da assistência social definida no art. 1º da Loas. O SUAS, por sua vez, é um sistema composto por um conjunto de ações: serviços, programas, projetos, benefícios e transferências de renda (é a materialização da PNAS).

Vale a pena reiterarmos que os conteúdos da gestão das políticas públicas não se esgotam nestas páginas, mas esperamos que sirvam de estímulo para que você vá além e busque na própria política as referências e os conhecimentos necessários. Só assim haverá a formação de assistentes sociais capazes de estar à frente da gestão dessa política, com real entendimento de ações que venham a contribuir com a defesa dos direitos, pela noção dos caminhos para a efetivação da cidadania.

Questões para revisão

1. Procure a secretaria de assistência social de sua cidade e identifique:
   a) O nível de gestão do município.
   b) Quais os instrumentos de gestão utilizados.
   c) Quem faz parte da rede socioassistencial.
   d) Quais os elementos que constituem o plano de assistência.

2. No que se refere à gestão das políticas públicas, marque as afirmativas a seguir como verdadeiras (V) ou falsas (F):

   ( ) O *garbage can* parte da premissa de que as alternativas das agendas públicas estão em uma lata de lixo, na qual existem muitos problemas e poucas soluções.

   ( ) A coalizão de defesa evidencia que a política pública deveria ser concebida como um sistema que se articula unicamente com os acontecimentos internos.

   ( ) As arenas sociais são formadas por redes sociais que envolvem contatos, vínculos e conexões com o foco no conjunto de relações e trocas entre entidades e indivíduos.

   ( ) O equilíbrio interrompido é um modelo que permite entender que um sistema político pode agir tanto de forma incremental, isto é, mantendo o *status quo*, como passando por fases de mudanças mais radicais nas políticas públicas.

   Agora, assinale a alternativa que corresponde à sequência correta:
   a) V, F, V, V.
   b) V, F, F, V.
   c) F, V, F, F.
   d) V, F, V, F.

3. Defina, com as suas palavras, o *Welfare State*.

4. O Estado pode ser considerado o único provedor responsável pela gestão dos serviços públicos?

5. Sobre os eixos estruturantes do PNAS, assinale a alternativa correta:
   a) A proteção social básica é caracterizada pelo conjunto de ações e cuidados, atenções, benefícios e auxílios para a redução e a prevenção das vicissitudes sociais e naturais ao ciclo da vida.
   b) A proteção social especial tem por objetivo prevenir situações de riscos por meio do desenvolvimento de potencialidades e aquisições, além do fortalecimento dos vínculos sociais e comunitários.
   c) A vigilância social tem como objetivo a produção, a sistematização, a análise e a disseminação de informações territorializadas, considerando as situações de vulnerabilidade e risco que incidem sobre famílias e indivíduos e os eventos de violação de direitos em determinados territórios.
   d) A defesa dos direitos socioassistenciais se constitui também como uma área de gestão da informação, dedicada a apoiar as atividades de planejamento.

6. Sobre os tipos de gestão, marque as afirmativas a seguir como verdadeiras (V) ou falsas (F):
   ( ) Na gestão inicial, os municípios têm de comprovar a criação de conselhos e fundo municipal e elaborar um plano de assistência social.
   ( ) Na gestão básica, os municípios já devem estar com os outros tipos de gestão descritas implantadas, pois a gestão plena corresponde à capacidade de atuação na proteção especial de alta complexidade.
   ( ) A gestão da informação tem o objetivo de produzir, registrar e disseminar a informação e os processos de fluxos e controle social e é realizada pelo processamento de dados oriundos de diversas fontes.
   ( ) O relatório anual de gestão é o instrumento que apresenta os resultados alcançados na política de assistência social,

orienta os redirecionamentos que se fizerem necessários e inclui o cumprimento das realizações, resultados ou produtos obtidos em função das metas prioritárias estabelecidas no Instituto de Promoção da Assistência Social (PAS) e a aplicação dos recursos.

Agora, assinale a alternativa que corresponde à sequência correta:
a) V, F, V, V.
b) V, F, F, V.
c) V, V, F, V.
d) V, F, V, F.

Questão para reflexão

Durante o capítulo, ao abordar A Grande Depressão americana (que teve consequências no mundo todo), afirmamos que essa crise devastou os EUA, gerando milhares de desempregados, levando empresas à falência e gerando redução nos campos mercantis e agrícolas. Em todo mundo, o *crash* americano fez surgir um vínculo entre o Estado e o universo das relações econômicas. Logo, afirmamos que, dadas as condições econômicas do país e o número crescente de pessoas pobres, medidas de intervenção do Estado se fizeram necessárias para o enfrentamento das dificuldades que todos atravessavam, fazendo surgir a Nova Política. Por meio dela, o Estado passou a intervir na economia em prol do crescimento.

Considerando seus conhecimentos da área social e dos direitos do cidadão, e tomando o exemplo da depressão americana, você considera que uma assistência maior do Estado deve, de fato, vir para os cidadãos em momentos de crise? Ou poderíamos considerar que justamente nesses momentos o Estado estaria resguardado a cortar benefícios? Explique sua resposta.

Para saber mais

BRASIL. Ministério do Desenvolvimento Social e Combate à Fome. Secretaria Nacional de Assistência Social. **Norma operacional básica NOB/SUAS** – Construindo as bases para a implantação do Sistema Único de Assistência Social. Brasília. MDSCF, 2005. Disponível em: <http://www.assistenciasocial.al.gov.br/sala-de-imprensa/arquivos/NOB-SUAS.pdf>. Acesso em: 31 maio 2017.

Resultado de 11 anos de debate sobre assistência social, essa norma apresenta os eixos estruturantes de competência dos três níveis de governo e atribui instâncias de efetivação, pactuação e deliberação para a efetivação do SUAS.

CARVALHO, J. M. de. **Cidadania no Brasil**: o longo caminho. Rio de Janeiro: Civilização Brasileira, 2002.

Nessa obra, o autor José Murilo de Carvalho relata o desenvolvimento do processo de cidadania no Brasil, com temáticas que vão desde o direito ao voto democrático até abordagens sobre o Movimento Sem Terra (MST). O foco da obra está na discussão sobre os direitos civis, sociais e políticos brasileiros e suas correlações.

CAPÍTULO 6

Gestão e os conselhos de direito

Conteúdos do capítulo:
- Controle social.
- Princípios e controles das políticas públicas.
- Conselhos de direitos.
- Papel do assistente social nos conselhos.
- Poder local, atores e processos sociais.

Após o estudo deste capítulo, você será capaz de:
1. evidenciar o controle social como o reflexo por meio do qual identificamos a sociedade civil;
2. elencar os princípios e os controles das políticas públicas;
3. compreender os conselhos consultivos e deliberativos como ferramentas que fazem parte dos espaços de controle social;
4. entender que essas ferramentas estão instituídas em diversos níveis na nossa sociedade (federal, estadual e municipal) e também nas mais variadas áreas da política;
5. discorrer sobre o real papel do assistente social no que se refere a esses conselhos, bem como sobre as competências que esse profissional precisa ter para desenvolver seu ofício nesse âmbito;
6. identificar os conceitos e as relações entre poder local, atores e processos sociais.

Para iniciarmos nossa discussão a respeito da gestão e dos conselhos de direito, é necessário, antes, buscarmos o conceito de **controle social**. Só então poderemos, de fato, tratar do tema central, mostrando que o assistente social marca presença nos espaços de conselhos de direito e de política pública em nível municipal.

6.1 Controle social

É comum que se ouça o termo *controle social* vindo de diferentes segmentos da sociedade, como movimentos sociais, organizações não governamentais (ONGs), gestores das três esferas de governo, pesquisadores e estudiosos. No entanto, como salienta Correia (2004), a expressão adquire diferentes sentidos, dependendo da concepção de *Estado* e de *sociedade civil* adotada e da interpretação diferenciada da relação entre essas esferas.

Nesse sentido, Correia (2004) aborda que o *controle social* tanto é empregado para designar o controle do Estado sobre a sociedade quanto para designar o controle da sociedade sobre as ações do Estado. Observe que não se trata apenas de uma inversão de papéis, mas sim de uma diferença na concepção da função do Estado. Podemos ainda entender o controle social como o reflexo da maneira como identificamos a sociedade civil, ou seja, nossa concepção e nosso ideário a respeito dessas duas esferas. Enfim, o que dá munição às nossas ideias é a teoria que embasa nossa percepção, bem como nossa ideologia.

O tema *controle social* ganhou perspectivas democráticas em meados da década de 1980, por meio da instituição da Constituição de 1988 (Brasil, 1988). Como vimos no Capítulo 5, a Constituição instituiu mecanismos de participação nas políticas públicas, estabelecidos pela sociedade, como forma de controle público das ações do Estado. Essa ação foi se intensificando no decorrer do processo de democratização por meio das regulamentações das leis orgânicas.

Raichelis (2008) pontua que a visão de controle social inscrita na Constituição Federal de 1988 enfatiza a participação dos setores organizados da sociedade civil na elaboração e na implementação das políticas públicas. Isso aconteceria especialmente no âmbito dos trabalhadores e dos segmentos populares, com propostas de novas relações entre o movimento social e a esfera da política institucional. Além disso, como pontua Correia (2000), uma vez que quem paga a conta, indiretamente, é o povo, então cabe ao povo decidir a respeito dos gastos e da aplicabilidade desses recursos em serviços que tenham uma abrangência maior para a população, assim como buscar qualidade no atendimento.

Instaura-se aí a representação dos interesses populares em instâncias de deliberações políticas, por meio de uma participação ativa da sociedade em prol de interesses comuns.

Neste capítulo, nosso foco será a política de assistência, mais precisamente o controle social nessa área. A Constituição de 1988 marcou o caráter do direito como resultado de lutas sociais na busca de equidade social. Nesse sentido, houve uma mudança paradigmática: ao invés do clientelismo, vimos sujeitos de direitos que podiam ter condutos de participação ativa na definição de ações e na gestão estatal. Para essa nova forma de gestão, era preciso haver uma reorganização para o recebimento de novos atores sociais. É o que pressupõe o art. 204, inciso II, da Carta Magna (Brasil, 1988), que insere a participação da população, por intermédio de organizações representativas, na formulação da política e no controle das ações em todos os níveis.

Dessa forma, pensar em assuntos que envolvam descentralização, participação e democratização se torna um imperativo no contexto atual das políticas de direito, que se abre para novos atores, novas conquistas e novas decisões que passam pelas políticas públicas. Mas o principal impacto se estabelece mesmo nas dimensões da vida social. No Quadro 6.1, podemos observar mais detalhes sobre o assunto.

Quadro 6.1 – Princípios das políticas públicas

Descentralização	Busca por maior eficácia e pela elevação da participação social, do exercício da democracia participativa na gestão pública e da ruptura com o autoritarismo e o clientelismo (Binotto et al., 2010, p. 186).
Participação	A participação social na construção das políticas é assegurada por meio da atuação de conselhos, comissões e comitês. A função desses colegiados é aprimorar, implementar e fortalecer os direitos por meio da busca permanente de ações conjuntas entre Estado e sociedade civil (nesse caso, recebe destaque a Secretaria de Direitos Humanos da Presidência da República).
Democratização	Tornar as políticas públicas democráticas e acessíveis a todas as classes.

Cabe ressaltar que outras questões se tornam relevantes nessa conjuntura de democratização, de conquista de cidadania e direitos sociais. Aparecem no art. 6º da Constituição Cidadã: "são direitos sociais a educação, a saúde, a alimentação, o trabalho, a moradia, o lazer, a segurança, a previdência social, a proteção à maternidade e à infância, a assistência aos desamparados, na forma desta constituição" (Brasil, 1988).

Nesse sentido, o acesso à cidadania ocorre por meio do exercício dos direitos no acesso a políticas públicas de assistência, que é um direito do cidadão e dever do Estado, e no atendimento à satisfação das necessidades humanas básicas.

Quem garante que o que está descrito na política pode de fato ser efetivado?

A garantia está na participação social, que se dá por meio do controle social. O problema é que a própria política, segundo Pereira (2000), não deixa clara a abrangência dessa cobertura, uma vez que há diferença semântica em relação aos termos *mínimo* e *básico*. Na Lei Orgânica de Assistência Social (Loas) – Lei n. 8.742, de 7 de dezembro de 1993 (Brasil, 1993), no art. 1º, a nomenclatura usada é *mínimo*, pois, segundo a mesma autora,

> trata-se de minimizar o atendimento. Nesse caso, encontramos uma relação com a desproteção social, uma vez que, suprindo o mínimo das necessidades, ou quase nada, ainda assim a lei estaria sendo cumprida. Enquanto isso, o *básico* apresenta o teor de atendimento das necessidades, ou seja, de satisfação dessas necessidades básicas, colocando em prática o exercício da cidadania, o que requer investimentos sociais com qualidade.

Continuando com as ideias de Pereira (2000), só a partir do estabelecimento dessa diferença é que se torna possível falar em *direitos fundamentais*, aos quais todo o cidadão deve ter acesso e cuja concretização se dá por meio de políticas sociais correspondentes.

Para que essas políticas de fato funcionem, é importante controlá-las (aqui destacamos a política de assistência social), mas como realizar esse controle?

Correia (2002) aponta uma alternativa para essa questão ao dizer que devemos verificar alguns pontos, conforme é possível verificar na Figura 6.1.

Figura 6.1 – Controle das políticas sociais

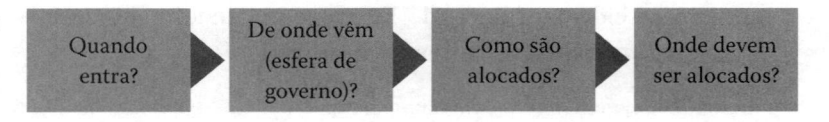

| Quando entra? | De onde vêm (esfera de governo)? | Como são alocados? | Onde devem ser alocados? |

Fonte: Adaptado de Correia, 2002, p. 100.

> É importante ressaltar que o serviço social não ficou imune a esse processo democrático e participativo da sociedade. Assim, os dilemas da construção da esfera pública, da democracia e da cidadania inerentes a essa área são também dilemas do assistente social, que está inserido nos espaços

> de controle social. Precisamos considerar a particularidade do exercício profissional e suas condições de cidadão, como aponta Iamamoto (2007). Assim, garante-se o acesso ao direito em todas as esferas, sejam elas políticas, sejam econômicas, sejam sociais. A autora ainda reforça que no lastro desses dilemas é que se edifica um novo projeto profissional para o serviço social no país; ou seja, é preciso que o profissional da área repense as determinações sociopolíticas de seu trabalho (Iamamoto, 2007) e seu comprometimento com a defesa intransigente dos direitos sociais.

Nesse sentido, a definição de *espaço público* se torna imprescindível, uma vez que é nesse ínterim que são definidos os interesses das classes populares e a política pública. Dagnino (2006, p. 24, citado por Raichelis, 2008, p. 24) conceitua *espaços públicos* como:

> instâncias deliberativas que permitem o reconhecimento e dão voz a novos atores e temas; que não são monopolizados por algum ator social ou político ou pelo próprio Estado, mas são heterogêneos, ou seja, refletem a pluralidade social e política [e] [...] viabilizam o conflito, oferecendo condições para tratá-lo de maneira tal que se reconheçam os interesses e opiniões na sua diversidade; e nas quais haja uma tendência à igualdade de recursos dos participantes em termos de informação, conhecimento e poder.

Essa concepção é importante para analisar a prática dos conselhos em termos da capacidade de participação ou não da sociedade civil. Isso porque a população precisa também se reorganizar para participar das reuniões dos conselhos realizadas nos horários de trabalho e sem respaldo institucional (Raichelis et al., 2010).

Para que o controle social seja de fato efetivado, é necessário controlar também os recursos e sua alocação, pois assistimos, cada vez mais, ao favorecimento dos interesses das classes dominantes em detrimento das classes populares. Também é importante mencionar o controle dos gastos públicos em caso de diminuição de recursos e gastos sociais num Estado mínimo.

No entanto, há contradição na área dos direitos, uma vez que, de acordo com Correia (2002), a Constituição de 1988 e a Loas apontam para:

% um estado regulador e garantidor dos direitos sociais, que proporcione a ampliação da esfera pública e dos serviços coletivos;
% a universalização do acesso às políticas públicas;
% a democratização das políticas públicas.

De outro lado, contra os objetivos do controle social e associados à Constituição de 1988 e às Loas, há:

% integração ao projeto do grande capital;
% submissão ao receituário neoliberal;
% corte de gastos sociais;
% desmonte das políticas públicas;
% mercantilização e privatização de serviços sociais;
% desuniversalização dessas políticas;
% focalização das áreas de risco.

E a lista não para por aqui, uma vez que a política de assistência muitas vezes é delegada à sociedade civil, principalmente por meio de ONGs que organizam parcerias executoras das ações de políticas sociais. Um caso interessante é o do Centro de Referência de Assistência Social (Cras), que, em muitos municípios, como em Porto Alegre, chama outros atores para compor essa política e construir redes de proteção.

Nesse contexto, de acordo com Correia (2002), o Estado repassa a responsabilidade em relação aos serviços de assistência social para setores da sociedade, mediante a transferência de recursos públicos que passam a ser geridos por terceiros.

Esse tipo de prática foi se efetivando ao longo dos anos 1990 e deu ênfase aos conselhos. Desse modo, esses conselhos se tornaram mecanismos de participação nas políticas sociais.

Correia (2002, p. 132) destaca os limites dos conselhos como mecanismos de controle social:

- ingerência política na escolha dos conselheiros;
- falta de informação dos conselheiros;
- desarticulação com as bases;
- pouca força de mobilização das entidades representadas, que por sua vez é reflexo da desmobilização da sociedade;
- cooptação de liderança em trocas de favores;
- pouca transparência dos gestores no uso dos recursos;
- manipulação dos conselhos/conselheiros para legitimar gestões;
- pouca visibilidade social das ações dos conselhos;
- descumprimento das suas deliberações por parte dos gestores.

Cabe pontuar que, como todo representante da sociedade civil, os conselhos têm interesses que se constituem em *próprios e coletivos*. Assim, devem estar engajados nas ações comunitárias e sociais para que prevaleçam as questões no âmbito coletivo e que as individuais sejam colocadas como de domínio privado.

6.2 Constituição dos conselhos ante a legislação: o exemplo da assistência social

Apesar da subjetividade dos conselheiros, é importante destacar que o controle social é um mecanismo democrático de participação e que os usuários da política se apresentam de forma insipiente. Ainda assim, eles devem estar preparados, pois são os que mais sofrem com as mazelas da questão social. Com essa população está o serviço social, que também participa dos conselhos consultivos e deliberativos.

Para uma melhor compreensão, cabe esclarecer que esses conselhos: "são espaços públicos de composição plural e paritária entre Estado e sociedade civil, de natureza deliberativa e consultiva, cuja função é formular e controlar a execução das políticas públicas setoriais" (Tatagiba, 2002, p. 47). É o principal canal de participação popular encontrado nas três instâncias de governo (federal, estadual e municipal).

Os conselhos devem ser compostos por um número par de conselheiros, e a representatividade entre Estado e sociedade civil deve ser igualitária, exceto nas áreas da saúde e de segurança alimentar.

> De modo geral, as responsabilidades do conselheiro no conselho de assistência social são: **aprovar o plano de assistência social municipal e acompanhar a chegada do dinheiro e a aplicação da verba para os programas** (Brasil, 2013).

De acordo com o art. 16 da Loas (Brasil, 1993), fica estabelecido que as instâncias deliberativas do sistema descentralizado e participativo de assistência social, de caráter permanente e composição paritária entre governo e sociedade civil, são:

- o Conselho Nacional de Assistência Social (CNAS);
- os Conselhos Estaduais de Assistência Social (Ceas);
- o Conselho de Assistência Social do Distrito Federal (CAS/DF);
- os Conselhos Municipais de Assistência Social (CMAS).

Observe o art. 17 da Loas:

> Art. 17. Fica instituído o Conselho Nacional de Assistência Social (CNAS), órgão superior de deliberação colegiada, vinculado à estrutura do órgão da Administração Pública Federal responsável pela coordenação da Política Nacional de Assistência Social, cujos membros, nomeados pelo Presidente da República, têm mandato de 2 (dois) anos, permitida uma única recondução por igual período.
>
> § 1º O Conselho Nacional de Assistência Social (CNAS) é composto por 18 (dezoito) membros e respectivos suplentes, cujos nomes são indicados ao órgão da Administração Pública Federal responsável pela coordenação da Política Nacional de Assistência Social, de acordo com os critérios seguintes:

I – 9 (nove) representantes governamentais, incluindo 1 (um) representante dos Estados e 1 (um) dos Municípios;

II – 9 (nove) representantes da sociedade civil, dentre representantes dos usuários ou de organizações de usuários, das entidades e organizações de assistência social e dos trabalhadores do setor, escolhidos em foro próprio sob fiscalização do Ministério Público Federal.

§ 2º O Conselho Nacional de Assistência Social (CNAS) é presidido por um de seus integrantes, eleito dentre seus membros, para mandato de 1 (um) ano, permitida uma única recondução por igual período.

§ 3º O Conselho Nacional de Assistência Social (CNAS) contará com uma Secretaria Executiva, a qual terá sua estrutura disciplinada em ato do Poder Executivo.

§ 4º Os Conselhos de que tratam os incisos II, III e IV do art. 16, com competência para acompanhar a execução da política de assistência social, apreciar e aprovar a proposta orçamentária, em consonância com as diretrizes das conferências nacionais, estaduais, distrital e municipais, de acordo com seu âmbito de atuação, deverão ser instituídos, respectivamente, pelos Estados, pelo Distrito Federal e pelos Municípios, mediante lei específica. (Brasil, 1993)

No art. 18 da referida lei, são estabelecidas as competências do CNAS, que é referência para o exercício dos demais conselhos:

Art. 18. Compete ao Conselho Nacional de Assistência Social:

I – aprovar a Política Nacional de Assistência Social;

II – normatizar as ações e regular a prestação de serviços de natureza pública e privada no campo da assistência social;

III – acompanhar e fiscalizar o processo de certificação das entidades e organizações de assistência social no Ministério do Desenvolvimento Social e Combate à Fome;

IV – apreciar relatório anual que conterá a relação de entidades e organizações de assistência social certificadas como beneficentes e encaminhá-lo para conhecimento dos Conselhos de Assistência Social dos Estados, Municípios e do Distrito Federal;

V – zelar pela efetivação do sistema descentralizado e participativo de assistência social;

VI – a partir da realização da II Conferência Nacional de Assistência Social em 1997, convocar ordinariamente a cada quatro anos a

Conferência Nacional de Assistência Social, que terá a atribuição de avaliar a situação da assistência social e propor diretrizes para o aperfeiçoamento do sistema;

VII – (Vetado.)

VIII – apreciar e aprovar a proposta orçamentária da Assistência Social a ser encaminhada pelo órgão da Administração Pública Federal responsável pela coordenação da Política Nacional de Assistência Social;

IX – aprovar critérios de transferência de recursos para os Estados, Municípios e Distrito Federal, considerando, para tanto, indicadores que informem sua regionalização mais equitativa, tais como: população, renda per capita, mortalidade infantil e concentração de renda, além de disciplinar os procedimentos de repasse de recursos para as entidades e organizações de assistência social, sem prejuízo das disposições da Lei de Diretrizes Orçamentárias;

X – acompanhar e avaliar a gestão dos recursos, bem como os ganhos sociais e o desempenho dos programas e projetos aprovados;

XI – estabelecer diretrizes, apreciar e aprovar os programas anuais e plurianuais do Fundo Nacional de Assistência Social (FNAS);

XII – indicar o representante do Conselho Nacional de Assistência Social (CNAS) junto ao Conselho Nacional da Seguridade Social;

XIII – elaborar e aprovar seu regimento interno. (Brasil, 1993)

É importante destacar que essa lei dá base para a operacionalização dos conselhos nesse sentido, mas não deve ser apenas uma vasta legislação que venha dar as diretrizes e bases para a ação se ela não for respeitada. Dessa forma, faz-se necessário o conhecimento da Constituição e das Loas, que subsidiam o exercício profissional. É por esse motivo que destacamos, nesse capítulo, alguns artigos na íntegra. Isso serve de fundamentação para o conhecimento na busca da qualificação profissional.

Cabe também destacar a Norma Operacional Básica da Assistência Social (NOB), que versa a respeito dos conselhos de assistência social. O CEAS, o CAS/DF e o CMAS são instâncias deliberativas do sistema descentralizado e participativo da assistência social, sendo regulamentados pela PNAS de 2004 na forma do

Sistema Único de Assistência Social (SUAS). Os conselhos têm as seguintes competências:

- atuar como instância de recursos [que pode ser acionada por qualquer uma das outras instâncias de gestão, a fim de dirimir dúvidas e decidir sobre divergências] dos Conselhos de Assistência Social;
- articular com outros conselhos e conferências, organizados de acordo com segmentos populacionais ou em outras políticas públicas, através de comissões de interface, de plenárias entre conselhos, de resoluções conjuntas, dentre outros;
- aprovar plano de aplicação dos fundos, avaliar balancetes e aprovar prestação de contas ao final do exercício;
- controlar e fiscalizar os serviços prestados, integrantes dos planos, por todas as entidades beneficentes na área da educação, saúde e da assistência social, cujos recursos são oriundos das imunidades e renúncias fiscais por parte do governo, conforme Leis 8.812, de 1991 (Brasil, 1991) e 9.732, de dezembro de 1998 e suas regulamentações.

Segundo Ferreira (2011), os órgãos gestores devem promover e incentivar a capacitação continuada dos conselheiros, conforme o plano de capacitação do SUAS, que vem a ser uma ação para potencializar o saber dos conselheiros. Isso acontece para que possam ter condições de exercer suas atividades de forma competente, uma vez que não há uma homogeneidade na constituição do conselho.

Dessa forma, como é um espaço de relações sociais, o conselho se constitui um espaço de contradições, podendo ser legitimador da democracia ou não, dependendo das propostas que são feitas pelos conselheiros mais articulados e informados, que tenham poder de barganha. Essa é uma "arena de lutas" de interesses que dará o destino da política de assistência (Correia, 2002). Assim, o usuário tem de saber seu papel para que possa exercer a política de forma legítima e em prol da população, e não a serviço de interesses políticos e pessoais. Sabemos que os recursos destinados às políticas são escassos e devem ser bem administrados.

6.2.1 O papel do assistente social nos conselhos

Iamamoto (2009) pontua que é na tensão entre reprodução da desigualdade e produção da rebeldia e da resistência que atuam os assistentes sociais, situados em um terreno movido por interesses sociais distintos e antagônicos. Para a autora, não é possível eliminar esses interesses ou fugir deles, uma vez que eles tecem a vida em sociedade.

Complementando essa ideia, a autora ainda argumenta que os assistentes sociais trabalham com as múltiplas expressões da questão social vivenciadas pelos sujeitos a partir das políticas sociais e das formas de organização da sociedade civil na luta por direitos (Iamamoto, 1997).

> Como se trata de um processo em que tensões são vivenciadas, o assistente social desenvolve seu trabalho no embate entre conformismos e rebeldia, o que pode ocorrer em qualquer espaço organizacional, seja nas instituições, seja nos conselhos deliberativos e consultivos presentes no contexto da assistência social.

Quando dizemos que a inserção ocupacional dos assistentes sociais se materializa em diferentes espaços institucionais, estamos nos referindo à *assistência*, por nossa opção em mostrar o papel do assistente nos conselhos de assistência social. E é nesse âmbito que esses profissionais trabalham, como salienta Raichelis et al. (2010): no espaço local, nos municípios, nas cidades. Os autores reforçam ainda que é nas prefeituras que se encontra um grande número de assistentes sociais no exercício profissional, levando a uma revalorização da instância local. Para os autores:

> Conselho é um dos espaços de exercício, do controle social, que precisa ser complementado e articulado com outras formas de mobilização social e de organização política. Embora sejam espaços de

controle social, eles também tem que ser objeto de controle democrático da sociedade, pelas representações que supostamente devem se fazer representar. (Raichelis et al., 2010, p. 30)

> Nesse sentido, o assistente social precisa estar preparado para lidar com os novos atores da cena política que se apresentam nas mais diferentes configurações e que passam a disputar as esferas públicas. Isso pode acontecer por intermédio da legitimação da participação da sociedade civil nos espaços de direitos. Dessa forma, impõe-se aos assistentes sociais uma capacitação não só teórica, mas também ético-política, para assumir o papel de agente público, conferindo caráter público às políticas sociais.

Raichelis et al. (2010, p. 31) consideram que a representação da categoria profissional nos diferentes espaços de controle social deveria contribuir para:

- ampliar os fóruns da sociedade civil, estimulando a participação dos movimentos sociais e das organizações populares, especialmente dos usuários das políticas sociais públicas, ainda fragilmente representados nos Conselhos e demais espaços públicos de deliberação;
- contrapor-se à tendência de despolitização da sociedade civil a partir de uma intervenção pública que conduza à explicitação das diferenças entre os projetos políticos em disputa;
- desencadear ações nos espaços públicos que estimulem o desenvolvimento da sociabilidade pública, capaz de refundar a política como esfera de criação e universalização de direitos.

Ou seja, o compromisso assumido pelo assistente social no projeto ético-político deve ser movimentado na luta pela ampliação de uma cultura política crítica e democrática, necessária ao efetivo controle dos sujeitos coletivos que buscam, na arena pública, defender a garantia dos direitos sociais. Para isso, é necessária a construção de uma nova ordem social, com igualdade, justiça,

universalização do acesso às políticas sociais, assim como a efetivação dos direitos, sejam eles civis, sejam políticos ou sociais.
Para esse trabalho com os conselhos e movimentos sociais, é preciso ter base de educação, de mobilização e organização popular (Iamamoto, 2002, citada por Bravo, 2009). Complementando, Gomes (2000) diz que o profissional deve ser um socializador de informações, desvelando com competência técnico-política as questões, propostas e armadilhas que aparecem nos conselhos.
Bravo (2009, p. 404), baseado em Correia (2005), salienta que o controle social deve ter duas dimensões:

> [1] como profissão auxiliar ao controle social visto como um meio utilizado pelo Estado para manutenção do consenso e da ordem, necessários à reprodução social capitalista. [...] [2] como profissão que pode contribuir para o exercício do controle dos setores populares sob as ações do Estado, para que este atenda aos interesses da maioria da população.

Nesse sentido, é importante que o profissional compreenda a política social e sua constituição histórica, bem como os aspectos legais e jurídicos que compõem esse campo.
Também se torna necessário que o profissional tenha capacidade de realizar análise de conjuntura, sempre que necessária, para compreender a relação contraditória existente nesses espaços, além de elaborar planos, programas e projetos de forma participativa e que possa capacitar conselheiros e a população usuária para o exercício do controle social (Correia, 2005).
Dessa maneira, Bravo (2009, p. 406) salienta que, ao pensarmos no papel do assistente social nos conselhos, devemos lembrar da década de 1980, quando foram constituídos os mecanismos de controle democrático, os quais foram "implementados nos anos de 90, período de crise e aprofundamento da política de ajuste que tem impactos na organização e mobilização dos sujeitos sociais" (Bravo, 2009, p. 406).
Ressaltamos que o profissional assistente social, ao longo de sua história, vem acompanhando o movimento societário e incorporando às suas práticas ações que possam dar suporte aos sujeitos sociais que sofrem com as mazelas da sociedade capitalista.

São sujeitos que lutam diariamente pela sobrevivência, não encontrando na mobilização a pressão para o exercício dos seus direitos, ficando mais vulneráveis e tutelados às manobras do Estado.

Assim, cabe ao assistente social, com seu papel socioeducativo, criar mecanismos de participação social, tendo na informação o suporte de operacionalização da sua prática. Assim, a defesa da garantia dos direitos sociais passa a ser instigada, por intermédio de práticas emancipatórias que venham a contribuir com a transformação social, por meio da participação ativa dos sujeitos sociais. Não é uma tarefa fácil, mas assim podemos contribuir para a efetivação de um mundo mais justo e igualitário.

6.3 Poder local, atores e processos sociais

No decorrer desta obra, viemos pontuando a gestão em seus diversos aspectos. Neste momento, vamos abordar, com base em Fleury (2017), o tema do poder local e sua implicação em relação aos diversos atores que circundam a gestão pública no processo de consolidação e aprofundamento da democracia no país.

Até a Constituição de 1988, as políticas públicas eram norteadas pelo âmbito federal, cabendo aos municípios e estados a execução do que era determinado pela União. Essa centralidade não contribuía com as características peculiares de cada estado e município, uma vez que não havia qualquer preocupação de complementaridade e sistematização (Ponte Neto, 2005). Assim, a sociedade civil não era partícipe da execução das políticas públicas.

Como aponta Czer (2009):

> Para legitimar essas políticas de descentralização e privatização, é preciso envolver a sociedade local, o que é feito criando-se de cima

para baixo [...] mecanismos de participação. É fato que cabe à sociedade zelar pela transparência das ações e a responsabilização dos que a promovem. Entretanto, não pode a sociedade civil substituir o Estado. Ao poder administrativo cabe a decisão e aplicação dos recursos públicos.

Em outras palavras, abordar o poder local e alguns conceitos é de suma importância. Isso inclui a discussão sobre o poder local, a sociedade civil e a participação cidadã. De todo modo, não existe apenas um enfoque para a abordagem do poder local, pois esse é um fator que vai depender dos enfoques teóricos. Ainda assim, podemos compreendê-lo na visão de alguns autores em específico.

Czer (2009), por exemplo, salienta que o ***poder local*** é a composição de forças, ações e expressões organizativas no nível da comunidade, do município ou da microrregião. Segundo o autor, eles contribuem para satisfazer as necessidades, os interesses e as aspirações da população local para a melhoria de suas condições de vida, sejam elas econômicas e sociais, sejam culturais, políticas etc.

Já Dowbor (1999) aponta que esse "espaço local", no Brasil, é o município, unidade básica de organização social, mas é também o bairro, o quarteirão em que vivemos. Para Machado e Lacerda (2017), o poder local, ainda que tenha uma territorialidade (município), não se reduz a essa dimensão, afinal, tratar do poder local significa analisar relações de poder que se estabelecem entre diferentes atores sociais, assim como em diferentes esferas não necessariamente restritas ao município. Em outras palavras, o *local* não significa, necessariamente, um espaço físico determinado e delimitado geograficamente.

Em relação à ***sociedade civil***, Peixoto (2010) a define como toda a forma de organização política e ideológica de grupos que não pertencem à esfera do Estado ou do mercado. Assim, ela é considerada um terreno de organismos coletivos, como associações, sindicatos, grupos culturais, de comunicação sociais, entre outros.

Vemos, portanto, que não há um conceito unívoco, homogêneo e, principalmente, consensual na teoria social. Assim, de acordo com Gramsci (1979), a sociedade civil é representada pelo bloco histórico e social, que em sua totalidade se divide em estrutura e superestrutura. A estrutura é a materialização da produção econômica, que dá sustentabilidade à superestrutura para esta incorporar a sociedade civil e política.

Para Cohen e Arato (1992, citados por Czer, 2009), a sociedade civil compreende:

a. pluralidade – famílias, grupos informais, associações voluntárias;

b. publicidade – instituições de cultura e comunicação;

c. privacidade – domínio de autodesenvolvimento e de escolha moral;

d. da legalidade – estrutura de leis gerais e direitos básicos [...] garantidos por leis que estabilizam a sociedade civil, muitos deles tendo sido reconhecidos no decorrer de lutas históricas (direitos fundamentais).

A catalogação dos direitos constitui a estrutura básica para permitir o funcionamento de uma sociedade civil autônoma e participativa (Czer, 2009). Mas, para a efetivação disso, é importante um canal de comunicação entre a sociedade civil e o poder público e entre os diversos atores e estruturas locais.

Czer (2009) aponta, ainda, que as tentativas de ampliar essa participação se dão a partir de três fenômenos:

a. agravamento dos problemas urbanos, suscitando uma política liberal e monetarista, redução dos gastos sociais e transferência para os municípios de muitos dos encargos, no processo dito de descentralização;

b. crise do sistema representativo, com a perda da legitimidade dos partidos;

c. eleição de políticos com propostas participativas.

Dessa forma, **a participação cidadã** reverencia um desenvolvimento político mais amplo, uma vez que prima pela participação objetiva direta ou semidireta do povo na condução da função do Estado, seja por meio da denúncia de irregularidades ou do abuso do poder, mediante a participação em conselhos deliberativos e de controle social, seja na reclamação sobre a transparência na prestação de contas dos gastos públicos.

A redução do papel do Estado, imposta pelo ideário neoliberal, passa algumas atribuições para o poder local, o qual não dispõe de recursos financeiros suficientes para arrostar toda a situação de miséria e exclusão social refletidas na busca por políticas públicas ainda focalistas e fragmentadas, como vemos no caso da saúde, da assistência social e da educação.

Como Machado e Lacerda (2017), consideramos o *local* um espaço político em que as demandas e as relações entre os governantes e a sociedade civil são mais diretas, o que pode torná-lo um espaço privilegiado de construção da cidadania e da democracia. Entretanto, para isso devemos promover condições reais aos cidadãos para estes exercerem de forma consciente a gestão política e o controle social sobre o setor público, superando posturas individualistas e alienadas, passíveis de manipulação.

Dessa maneira, a verdadeira cidadania se potencializa por meio da ação consciente, da capacidade de reflexão crítica, do debate e da disputa de ideias. É também essencial a existência da possibilidade de questionamento do que está posto, do que é dominante e hegemônico. A cidadania exige compromisso com a coletividade e, também, liberdade e autonomia, pois ela pressupõe a constituição do espaço público como local de ocorrência da divulgação das informações relevantes e do debate de temas de interesse geral. Só assim podemos afirmar ou questionar a ordem estabelecida, exercendo o poder mediante a discussão e a argumentação e resolvendo os conflitos por meio da constituição de hegemonias, acordos e compromissos (Machado; Lacerda, 2017).

Em suma, podemos dizer que o poder local congrega uma série de atores na vivência dos processos sociais, mas é fundamental que haja transparência na gestão pública, permitindo aos cidadãos uma participação efetiva nas instâncias de decisão.

Síntese

Neste capítulo, apresentamos o controle social, evidenciado como o reflexo por meio do qual identificamos a sociedade civil, os princípios e controles das políticas públicas e os conselhos de direitos (consultivos e deliberativos), que são ferramentas que fazem parte dos espaços de controle social e da esfera de participação democrática. Além disso, abordamos o real papel do assistente social no que se refere a esses conselhos, bem como as competências que esse profissional precisa ter para desenvolver seu ofício nesse âmbito, uma vez que a profissão compõe cada vez mais esses espaços consultivos e deliberativos. Fechamos o capítulo analisando a legislação social e apresentando o poder local e os atores sociais que compõem essa dinâmica.

Podemos concluir, com base em nossos estudos, que o controle social tanto é empregado para designar o controle do Estado sobre a sociedade quanto para designar o controle da sociedade sobre as ações do Estado. Não se trata, portanto, de apenas uma inversão de papéis, mas sim de uma diferença na concepção da função do Estado. Instaura-se aí a representação dos interesses populares em instâncias de deliberações políticas, por meio de uma participação ativa da sociedade em prol de interesses comuns. Vale lembrar que a participação da população foi instituída na Constituição de 1988, por meio de organizações representativas, na formulação da política e no controle das ações em todos os níveis. É importante destacar que o controle social é um mecanismo democrático de participação social na luta em prol dos direitos e no arrostamento das mazelas da questão social.

Questões para revisão

1. Procure, em seu município, o conselho de assistência social e, com base nele, responda às seguintes questões:
   a) Quando foi instituído o conselho no município?
   b) Como se deu a articulação social para a composição do conselho?

c) Quais são os limites apresentados pelo conselho para sua plena efetivação?
d) Quais as potencialidades identificadas na gestão dos conselhos?
e) Como se estabelece a participação do assistente social no conselho municipal?

2. Sobre o controle social, marque as afirmativas a seguir como verdadeiras (V) ou falsas (F):
   ( ) *Controle social* é um termo empregado tanto para designar o controle do Estado sobre a sociedade quanto para designar o controle da sociedade sobre as ações do Estado.
   ( ) A Constituição de 1988 instituiu mecanismos de participação nas políticas públicas, estabelecidos pela sociedade como um controle público nas ações do Estado.
   ( ) Os princípios das políticas públicas não são um imperativo no contexto atual das políticas de direito, pois frequentemente impedem a abertura para novos atores, novas conquistas e decisões que passam pelas políticas públicas.
   ( ) Em parâmetros da Constituição de 1988, o controle social inscrito vai enfatizar a participação dos setores organizados da sociedade civil na elaboração e na implementação das políticas públicas.
   Agora, assinale a alternativa que corresponde à sequência correta:
   a) V, V, F, F.
   b) V, V, V, V.
   c) V, V, F, V.
   d) V, F, F, V.

3. No que se refere aos conselhos como mecanismos de controle social e, ainda, de forma relacionada ao trabalho do assistente social, marque as afirmativas a seguir como verdadeiras (V) ou falsas (F):
   ( ) Os conselhos devem ser compostos por um número par de conselheiros e a representatividade entre Estado e sociedade

civil é igualitária. Porém, há exceção nas áreas da saúde e na segurança alimentar.

( ) Fazem parte das instâncias deliberativas do sistema descentralizado e participativo de assistência social obrigatoriamente o Conselho de Assistência do Distrito Federal e o Conselho Nacional de Assistência Social. Em alguns casos específicos, podem vir a fazer parte os Conselhos Estaduais de Assistência Social e os Conselhos Municipais de Assistência Social.

( ) Os Conselhos Nacional, estaduais, do Distrito Federal e municipais são instâncias deliberativas do sistema descentralizado e participativo da assistência social.

( ) A articulção com outros conselhos e conferências, organizados de acordo com segmentos populacionais ou outras políticas públicas, por meio de comissões de interface de plenárias entre conselhos de resoluções conjuntas, entre outros, faz parte das atribuições dos conselhos.

Agora, assinale a alternativa que corresponde à sequência correta:
a) V, F, V, V.
b) F, F, V, V.
c) V, F, F, V.
d) V, V, V, V.

4. Com as suas palavras, defina *poder local*.

5. Faça uma descrição resumida dos termos *sociedade civil* e *participação cidadã* de acordo com as definições que apresentamos neste capítulo.

Questões para reflexão

No decorrer deste capítulo, afirmamos que o assistente social desenvolve seu trabalho no embate entre conformismos e rebeldia, o que pode ocorrer em qualquer espaço organizacional, seja em instituições, seja nos conselhos deliberativos e consultivos presentes no contexto da assistência social.

1. Pensando no trabalho cotidiano desse profissional, você concorda com essa afirmação?

2. O que você consideraria, no cotidiano do exercício da assistência social, um "embate entre conformismos e rebeldia"?

Para saber mais

RAICHELIS, R. **Esfera pública e conselhos de assistência social**: caminhos da construção democrática. São Paulo: Cortez, 2008.

Nessa obra, a autora Rachel Reichelis analisa, pautada na Constituição brasileira de 1988, a democratização de gestão da assistência social como política social, abordando questões como a publicitação do Estado, a universalização do acesso aos serviços estatais, os movimentos sociais e a gestão estatal.

Estudo de caso[1]

A fábrica de sapatos Passo Certo, situada em um pequeno município do interior do Estado do Rio Grande do Sul, decidiu implantar políticas de responsabilidade social. Dessa forma, a assistente social responsável pela fábrica de sapatos procurou o Centro de Referência de Assistência Social (Cras) da região, a fim de verificar que políticas poderiam ser implantadas pela fábrica em benefício da comunidade. Em conjunto, a fábrica e o Cras estão fazendo um levantamento dos recursos socioassistenciais da região.

É válido ressaltar que, como se trata de um município pequeno, estão começando a implantar o Cras e a proteção social básica, logo, todos os recursos, nesse sentido, são muito recentes. O Cras em questão foi fruto de um orçamento participativo

---

1 Esse é um estudo de caso fictício, criado pela autora desta obra com a finalidade de exemplificar, em modelos práticos, os conteúdos aqui abordados.

por meio do qual a população elegeu as prioridades do município. No entanto, cabe ao Conselho Nacional de Assistência Social (CNAS) fiscalizar se todas as instâncias de implantação desse serviço estão sendo cumpridas.

A fábrica Passo Certo, nesse sentido, deseja implantar ações de responsabilidade social, mas, para isso, é preciso incorporar objetivos sociais no planejamento da empresa e, com isso, projetar ações de bem-estar no entorno da fábrica.

Para implantar a gestão básica no Cras, os municípios precisam se organizar para constituir seus centros de referências e, para isso, é necessário identificar e avaliar os equipamentos destinados à prestação de serviço à comunidade. Também deve ser feito o diagnóstico das áreas vulneráveis e de risco.

O CNAS, por sua vez, possui 18 membros, além dos suplentes. Nove deles são representantes governamentais (1 representante do estado e 1 dos municípios) e nove são representantes da sociedade civil (usuários, entidades, organizações). Eles devem avaliar se as ações implantadas pelo Cras correspondem ao que a comunidade precisa.

Portanto, para que a fábrica Passo Certo possa implantar sua política de responsabilidade social, é necessário, primeiro, uma avaliação do entorno da comunidade. Identificadas as questões e as áreas de risco social, numa parceria com o Cras da região, a fábrica deverá optar pela política que estiver ao seu alcance e que seja benéfica para a população. Deverão ser atendidas as famílias referenciadas no território, ou seja, aquelas em situação de vulnerabilidade e que necessitam da assistência social. Cumprido isso, caberá ao CNAS a fiscalização da implantação desse serviço, que deve verificar se as instâncias combinadas estão sendo cumpridas.

Para concluir...

Como vimos nesta obra, a sociedade capitalista apresenta um conjunto de mudanças societárias organizadas ao longo das décadas, as quais vêm apontando para o desmonte que substitui a relação estatal pela livre regulamentação do mercado, focando no poder econômico que agora determina e dita as regras sociais. Dessa forma, as mudanças societárias, sob a égide neoliberal que altera as condições de trabalho dos assistentes sociais, exigem um profissional multifacetado para dar conta das atuais problemáticas sociais. Assim, a gestão se torna um instrumento que contribui com o profissional dessa área na operacionalização das suas funções, pois é um processo que articula as ações sociais.

Do mesmo modo que os assistentes sociais precisam estar capacitados, as instâncias do terceiro setor e da sociedade civil também necessitam de conhecimento e técnica para conseguirem mais resultados nas ações. E mesmo que tenham uma lógica inerente às ações empresariais, muitas vezes essas instâncias não conseguem recursos por não apresentarem eficiência na hora de elaboração dos planos de atuação. É nesse sentido que a gestão se faz imprescindível, propondo mediações entre o público e o privado, uma vez que as novas práticas dizem respeito à democratização do Estado, o que leva à divisão nas esferas de decisão estatal, chamando os segmentos organizados da sociedade civil. Assim, conforme pudemos identificar aqui, os novos desenhos e as novas configurações se fazem presentes na implantação das políticas públicas que, com a retração do Estado, abre espaço para a inserção de novos atores.

Levando esses aspectos em conta, nosso objetivo aqui foi proporcionar os elementos teóricos necessários para o desenvolvimento da gestão em serviço social, pois eles são imprescindíveis no contexto atual, no qual os assistentes sociais precisam cada vez mais estar capacitados para assumir a gestão na sua prática profissional.

Tendo em vista os conteúdos que estudamos aqui, podemos concluir que essa obra serve, sobretudo, como um fio condutor para o processo de conhecimento, por meio do qual os conteúdos progressivamente abordam e suscitam reflexões a respeito de uma área que busca sistematização e diretrizes para a concretização de uma prática. Só assim ela pode ser planejada, organizada, controlada e dirigida no sentido de apontar caminhos no processo de efetivação da ação profissional.

Esperamos que esta obra tenha servido como dispositivo para a compreensão do processo de gestão e do serviço social, mas, sobretudo, nossa intenção é que seu interesse não tenha se esgotado por aqui, mas que tenhamos lançado questionamentos que o façam buscar sempre novos aprendizados acerca das questões que levantamos.

Referências

ABESS – Associação Brasileira de Ensino de Serviço Social. Formação profissional: trajetórias e desafios. **Cadernos ABESS**, São Paulo, n. 7, 1997.

AMARAL, A. S. do; CESAR, M. de J. O trabalho do assistente social nas empresas capitalistas. In: CFESS – Conselho Federal de Serviço Social. ABEPSS – Associação Brasileira de Ensino e Pesquisa em Serviço Social. **Serviço social**: direitos sociais e competências profissionais. Brasília, 2009. Disponível em: <http://www.cressrn.org.br/files/arquivos/G2cm832r29W2oX2IHY6P.pdf>. Acesso em: 31 maio 2017.

ARAÚJO, T. B. de. **Ensaios sobre o desenvolvimento brasileiro**: heranças e urgências. Rio de Janeiro: Revan, 2000.

ARRETCHE, M. T. S. Emergência e desenvolvimento do Welfare State: teorias explicativas. Faculdade de Filosofia, Letras e Ciências Humanas, Universidade de São Paulo. **BIB – Revista Brasileira de Informação Bibliográfica em**

Ciências Sociais, Rio de Janeiro, v. 39, p. 3-40, 1995. Disponível em: <http://xa.yimg.com/kq/groups/25228238/608444617/name/Arretche_1996_BIB.pdf>. Acesso em: 31 maio 2017.

AURELIANO, L.; DRAIBE, S. M. A especificidade do "Welfare State" brasileiro. In: MPAS – Ministério da Previdência e Assistência Social; CEPAL – Comissão Econômica para América Latina e Caribe (Org.). **Economia e desenvolvimento**: reflexões sobre a natureza do bem-estar. Brasília: Cepal, 1989. v. 1. p. 86-177. Disponível em: <http://repositorio.cepal.org/bitstream/handle/11362/29505/S8900183_pt.pdf?sequence=1&isAllowed=y>. Acesso em: 31 maio 2017.

BAPTISTA, M. V. **Planejamento**: introdução à metodologia do planejamento social. São Paulo: Moraes, 1981.

_____. **Planejamento social**: intencionalidade e instrumentação. 2. ed. São Paulo: Veras, 2007.

BARBALET, J. M. **A cidadania**. Lisboa: Estampa, 1989.

BARBOSA, M. da C. **Planejamento e serviço social**. São Paulo: Cortez, 1980.

BARBOSA, R. N. de C. Gestão: planejamento e administração. **Temporalis**, Brasília, v. 4, n. 8, p. 51-76, 2004.

BEHRING. E. R. **Política social no capitalismo tardio**. São Paulo: Cortez, 1998.

BINOTTO, E. et al. Descentralização político-administrativa: o caso de uma Secretaria de Estado. **Revista Brasileira de Gestão e Desenvolvimento Regional**, Taubaté, v. 6, n. 3, p. 186-213, set./dez. 2010. Disponível em: <http://www.rbgdr.net/revista/index.php/rbgdr/article/view/299/212>. Acesso em: 31 maio 2017.

BOBBIO, N. **A era dos direitos**. Rio de Janeiro: Campus, 1992.

BRASIL. Constituição (1988). **Diário Oficial da União**, Brasília, DF, 5 out. 1988. Disponível em: <http://www.planalto.gov.br/ccivil_03/constituicao/constituicao.htm>. Acesso em: 31 maio 2017.

_____. Decreto n. 200, de 25 de fevereiro de 1967. **Diário Oficial da União**, Poder Executivo, Brasília, DF, 27 fev. 1967. Disponível em: <http://www.planalto.gov.br/ccivil_03/decreto-lei/Del0200.htm>. Acesso em: 31 maio 2017.

BRASIL. Lei n. 8.212, de 24 de julho de 1991. **Diário Oficial da União**, Poder Legislativo, Brasília, DF, 25 jul. 1991. Disponível em: <https://www.planalto.gov.br/ccivil_03/leis/L8212cons.htm>. Acesso em: 31 maio 2017.

_____. Lei n. 8.742, de 7 de dezembro de 1993. **Diário Oficial da União**, Poder Legislativo, Brasília, DF, 8 dez. 1993. Disponível em: <http://www.planalto.gov.br/ccivil_03/leis/L8742.htm>. Acesso em: 31 maio 2017.

_____. Lei n. 9.394, de 20 de dezembro de 1996. **Diário Oficial da União**, Poder Legislativo, Brasília, DF, 23 dez. 1996a. Disponível em: <http://www.planalto.gov.br/ccivil_03/leis/L9394.htm>. Acesso em: 31 maio 2017.

_____. Lei n. 9.395, de 20 de dezembro de 1996. **Diário Oficial da União**, Poder Legislativo, Brasília, DF, 23 dez. 1996b. Disponível em: <http://www.planalto.gov.br/ccivil_03/leis/1995_1997/L9395.htm>. Acesso em: 31 maio 2017.

_____. Lei n. 9.496, de 11 de setembro de 1997. **Diário Oficial da União**, Poder Legislativo, Brasília, DF, 12 set. 1997. Disponível em: <http://www.planalto.gov.br/ccivil_03/leis/L9496.htm> Acesso em: 31 maio 2017.

_____. Lei n. 9.732, de 11 de dezembro de 1998. **Diário Oficial da União**, Poder Legislativo, Brasília, DF, 14 dez. 1998. Disponível em: <http://www.planalto.gov.br/ccivil_03/leis/L9732.htm>. Acesso em: 31 maio 2017.

_____. Lei Complementar n. 101, de 4 de maio de 2000. **Diário Oficial da União**, Poder Legislativo, Brasília, DF, 5 maio 2000. Disponível em: <http://www.planalto.gov.br/ccivil_03/leis/LCP/Lcp101.htm>. Acesso em: 31 maio 2017.

BRASIL. Ministério do Desenvolvimento Social e Agrário. **Vigilância socioassistencial**. 27 jul. 2015a. Disponível em: <http://mds.gov.br/assuntos/assistencia-social/gestao-do-suas/vigilancia-socioassistencial-1>. Acesso em: 31 maio 2017.

BRASIL. Ministério do Desenvolvimento Social e Combate à Fome. Conselho Nacional de Assistência Social. Resolução n. 33, de 12 de dezembro de 2012. **Diário Oficial da União**, Brasília, DF, 3 jan. 2013. Disponível em: <http://www.kairos.srv.br/nob_suas_2012.pdf>. Acesso em: 31 maio 2017.

BRASIL. Ministério do Desenvolvimento Social e Combate à Fome. Conselho Nacional de Assistência Social. Resolução n. 130, de 15 de julho de 2005. **Diário Oficial da União**, Brasília, DF, 25 jul. 2005a. Disponível em: <https://www.legisweb.com.br/legislacao/?id=102523>. Acesso em: 31 maio 2017.

_____. Ministério do Desenvolvimento Social e Combate à Fome. Instituto de Estudos Especiais da Pontifícia Universidade Católica de São Paulo. **Desafios da Gestão do SUAS nos municípios e Estados**. Brasília, 2008. (Capacita Suas, v. 2). Disponível em: <http://www.mds.gov.br/webarquivos/publicacao/assistencia_social/Cadernos/SUAS_Vol2_%20desafiogstao.pdf>. Acesso em: 31 maio 2017.

_____. Ministério do Desenvolvimento Social e Combate à Fome. Secretaria Nacional de Assistência Social. **Norma operacional básica – NOB/Suas**: construindo as bases para a implantação do Sistema Único de Assistência Social. Brasília, 2005b. Disponível em: <http://www.assistenciasocial.al.gov.br/sala-de-imprensa/arquivos/NOB-SUAS.pdf>. Acesso em: 31 maio 2017.

_____. **Política Nacional de Assistência Social PNAS/2004**: Norma operacional básica – NOB/Suas. Brasília, 2005c. Disponível em: <http://www.mds.gov.br/webarquivos/publicacao/assistencia_social/Normativas/PNAS2004.pdf>. Acesso em: 31 maio 2017.

BRASIL. Ministério da Fazenda. Escola de Administração Fazendária. PNEF – Programa Nacional de Educação Fiscal. **Documento base**. 2. ed. Brasília, 2015b. Disponível em: <http://www.esaf.fazenda.gov.br/assuntos/educacao-fiscal/pnef/pasta-sobre-o-programa/documento-base-pnef>. Acesso em: 31 maio 2017.

BRASIL. Ministério da Transparência, Fiscalização e Controladoria-Geral da União. **Portal da Transparência**. Disponível em: <http://www.portaldatransparencia.gov.br/>. Acesso em: 31 maio 2017.

BRAVO, M. I. S. O trabalho do assistente social nas instâncias públicas de controle democrático no Brasil. In: CFESS – Conselho Federal de Serviço Social. ABEPSS – Associação Brasileira de Ensino e Pesquisa em Serviço Social. **Serviço social**:

direitos sociais e competências profissionais. Brasília, 2009. p. 393-410.

BRESSER-PEREIRA, L. C. **Reforma do estado para a cidadania**: a reforma gerencial brasileira na perspectiva internacional. São Paulo: Ed. 34, 1998.

BRITTO, J. **Arranjos produtivos locais**: perfil das concentrações de atividades econômicas no Estado do Rio de Janeiro. Rio de Janeiro: Sebrae, 2004. (Série Estudos). Disponível em: <http://www.redetec.org.br/wp-content/uploads/2015/02/APLs.pdf>. Acesso em: 31 maio 2017.

CALIFE, F. E. A teoria política do orçamento participativo. In: CONGRESSO LATINO AMERICANO DE ESCOLAS DE ADMINISTRAÇÃO (CLADEA), 37., 2002, Rio Grande do Sul. **Anais**... Rio Grande do Sul, 2002.

CARVALHO, J. M. de. **Cidadania no Brasil**: o longo caminho. Rio de Janeiro: Civilização Brasileira, 2002.

CARVALHO, M. C. B. Gestão social: alguns apontamentos para o debate. In: RICO, E. de M.; RAICHELIS, R. (Org.). **Gestão social**: uma questão em debate. São Paulo: Educ/IEE, 1999. p. 19-29.

CASTELLS, M. **A sociedade em rede**. 10. ed. São Paulo: Paz e Terra, 2007. (A Era da Informação, v. 1).

CFESS – Conselho Federal de Serviço Social. **Atribuições privativas do/a assistente social em questão**. Brasília, 2012. Disponível em: <http://www.cfess.org.br/arquivos/atribuicoes2012-completo.pdf>. Acesso em: 31 maio 2017.

CFESS – Conselho Federal de Serviço Social. ABEPSS – Associação Brasileira de Ensino e Pesquisa em Serviço Social. **Serviço social**: direitos sociais e competências profissionais. Brasília, 2009.

CHIAVENATO, I. **Introdução à teoria geral da administração**: uma visão abrangente da moderna administração das organizações. 7. ed. rev. e atual. Rio de Janeiro: Elsevier, 2003.

CIDAC – Centro de Intervenção para o Desenvolvimento Amílcar Cabral. **O que fazemos**. Disponível em: <https://www.cidac.pt/index.php/o-que-fazemos/comercio-e-desenvolvimento/economia-solidaria>. Acesso em: 31 maio 2017.

COHEN, J. L.; ARATO, A. **Civil Society and Political Theory**. Cambridge: Massachusetts Institute of Technology Press, 1992.
COIMBRA, M. Abordagens teóricas ao estudo das políticas sociais. In: ABRANCHES, S. H.; COIMBRA, M. A.; SANTOS, W. G. dos (Org.). **Política social e combate à pobreza**. Rio de Janeiro: J. Zahar, 1987. p. 65-104.
CORREIA, M. V. C. A relação estado/sociedade e o controle social: fundamentos para o debate. **Serviço Social e Sociedade**, São Paulo, v. 25, n. 77, p. 148-176, mar. 2004.
_____. **Que controle social?** Os conselhos de saúde como instrumento. Rio de Janeiro: Fiocruz, 2000.
_____. Que controle social na política de assistência social? **Serviço Social e Sociedade**, São Paulo, v. 23, n. 72, p. 119-144, nov. 2002.
_____. **Desafios para o controle social**: subsídios para capacitação de conselheiros de saúde. Rio de Janeiro: Fiocruz, 2005.
COUTINHO, C. N. Representações de interesses, formulação de políticas e hegemonia. In: TEIXEIRA, S. F. (Org.). **Reforma sanitária**: em busca de uma teoria. São Paulo: Cortez; Rio de Janeiro: Abrasco, 1989. p. 47-60. (Coleção Pensamento Social e Saúde).
COUTO, B. R. **O direito social e a assistência social na sociedade brasileira**: uma equação possível? 4. ed. São Paulo: Cortez, 2010.
CRESS – Conselho Regional de Serviço Social. **Coletânea de leis**. Revista e ampliada. Porto Alegre, 2005.
CZER, L. **O poder local e o princípio da participação**. 2009. Disponível em: <http://www.webartigos.com/artigos/o-poder-local-e-o-principio-de-participacao/19710/>. Acesso em: 31 maio 2017.
DABAS, E. N. **Red de redes**: las prácticas de la intervención en las redes sociales. Buenos Aires: Paidos, 1995.
DAGNINO, R. P. (Org.). **Tecnologia social**: ferramenta para construir outra sociedade. Campinas: Unicamp, 2009.
DEMO, P. **Política social, educação e cidadania**. 4. ed. Campinas: Papirus, 1994.

DOWBOR, L. A gestão em busca de paradigmas. In: RICO, E. de M.; RAICHELIS, R. (Org.). **Gestão social**: uma questão em debate. São Paulo: Educ/IEE, 1999. p. 31-42.

DRAIBE, S. M. A política social no período FHC e o sistema de proteção social. **Tempo Social**, São Paulo, v. 15, n. 2, p. 63-102, nov. 2003. Disponível em: <http://www.scielo.br/scielo.php?script=sci_arttext&pid=S0103-20702003000200004>. Acesso em: 31 maio 2017.

_____. As políticas sociais brasileiras: diagnósticos e perspectivas. In: IPEA – Instituto de Planejamento Econômico e Social (Org.). **Para a década de 90**: prioridades e perspectivas de políticas públicas. Brasília, 1990. p. 1-66.

_____. **Brasil**: o sistema de proteção social e suas transformações recentes. Santiago: Cepal, 1993. (Série Políticas Públicas, n. 14).

_____. O Welfare State no Brasil: características e perspectivas. Campinas: Unicamp/NEPP, 1993. (Caderno de Pesquisa, n. 8). Disponível em: <https://sociologiajuridica.files.wordpress.com/2011/10/o-welfare-state-no-brasil-caracterc3adsticas-e-perspectivas-sonia-draibe.pdf>. Acesso em: 31 maio 2017.

DYE, T. R. **Understanding Public Policy**. 15. ed. New Jersey: Pearson Education Prentice Hall, 2016.

DREYFUSS, C. **As redes e a gestão das organizações**. Rio de Janeiro: Guide, 1996.

DUMÉNIL. G.; LÉVY, D. Neoliberalismo – Neoimperialismo. **Economia e Sociedade**, Campinas, v. 16, n. 1, p. 1-19, abr. 2007. Disponível em: <http://www.scielo.br/pdf/ecos/v16n1/a01v16n1>. Acesso em: 31 maio 2017.

EIDELWEIN, K. Gestão social: a economia solidária como possibilidade de modelo. **Juris: Revista da Faculdade de Direito**, Rio Grande, v. 14, p. 41-54, 2009. Disponível em: <https://www.seer.furg.br/juris/article/view/3205/1864>. Acesso em: 31 maio 2017.

ESPING-ANDERSEN, G. O futuro do Welfare State na nova ordem mundial. **Lua Nova**, São Paulo, n. 35, p. 73-111, 1995. Disponível em: <http://www.scielo.br/scielo.php?script=sci_arttext&pid=S0102-64451995000100004&lng=en&nrm=iso&tlng=pt>. Acesso em: 31 maio 2017.

FALEIROS, V. de P. Desafios do serviço social na era da globalização. In: MOURO, H.; SIMÕES, D. (Org.). **100 anos de serviço social**. Coimbra: Quarteto, 2001. p. 313-350.

_____. Globalização e desafios para o serviço social. **Serviço Social e Sociedade**, São Paulo, v. 20, n. 61, p. 152-186, nov. 1999.

_____. Serviço social: questões presentes para o futuro. **Serviço Social e Sociedade**, São Paulo, v. 17, n. 50, p. 9-39, abr. 1996.

FERREIRA, A. B. de H. **Novo dicionário Aurélio da língua portuguesa**. 4. ed. Curitiba: Positivo, 2009.

FERREIRA, S. da S. **NOB-RH**: anotada e comentada. Brasília, DF: MDS/Secretaria Nacional de Assistência Social, 2011. Disponível em: <http://www.mds.gov.br/webarquivos/publicacao/assistencia_social/Normativas/NOB-RH_SUAS_Anotada_Comentada.pdf>. Acesso em: 13 jun. 2017.

FIGUEIREDO, A. C. Princípios de justiça e avaliação de políticas. **Lua Nova**, São Paulo, n. 39, p. 73-103, 1997. Disponível em: <http://www.scielo.br/scielo.php?script=sci_arttext&pid=S0102-64451997000100006>. Acesso em: 31 maio 2017.

FILGUEIRAS, L.; GONÇALVES, R. **A economia política do governo Lula**. Rio de Janeiro: Contraponto, 2007.

FIORI, J. L. **Brasil no espaço**. Petrópolis: Vozes, 2001.

_____. Estado do bem-estar social: padrões e crises. **Physis: Revista de Saúde Coletiva**, Rio de Janeiro, v. 7, n. 2, p. 129-147, jul./dez. 1997. Disponível em: <http://www.scielo.br/pdf/physis/v7n2/08.pdf>. Acesso em: 31 maio 2017.

FISCHER, T. Gestão contemporânea, cidades estratégicas: aprendendo com fragmentos e reconfigurações do local. In: _____. (Org.). **Gestão contemporânea**: cidades estratégicas e organizações locais. Rio de Janeiro: Ed. da FGV, 1996. p. 13-23.

FLEURY, S. **Estado sem cidadãos**: seguridade social na América Latina. Rio de Janeiro: Fiocruz, 1994.

_____. **Políticas sociais e poder local**. Disponível em: <http://peep.ebape.fgv.br/sites/peep.ebape.fgv.br/files/politicas_sociais_poder_local.pdf>. Acesso em: 31 maio 2017.

FLEURY, S.; OUVERNEY, A. M. **Gestão de redes**: a estratégia de regionalização da política de saúde. Rio de Janeiro: Ed. da FGV, 2007.

FONSECA, R.; SERAFIM, M. A tecnologia social e seu arranjo institucional. In: DAGNINO, R. (Org.). **Tecnologia social**: ferramenta para construir outra sociedade. Campinas: Unicamp, 2009. p. 249-264.

FURTADO, C. **Em busca do novo modelo**: reflexões sobre a crise contemporânea. São Paulo: Paz e Terra, 2002.

FREITAS, L. O. de. A dificultosa constituição de um campo de garantias cidadãs: assistência social e direitos socioassistenciais em Mato Grosso. In: JORNADA INTERNACIONAL DE POLÍTICAS PÚBLICAS, 4., 2009, São Luis. **Anais**... São Luís, 2009. Disponível em: <http://www.joinpp.ufma.br/jornadas/joinppIV/eixos/12_seguridade/a-dificultosa-constituicao-de-um-campo-de-garantias-cidadas-assistencia-social-e-direitos-socioas.pdf>. Acesso em: 31 maio 2017.

GANDIN, D. **A prática do planejamento participativo**. Petrópolis: Vozes, 2001.

GEREFFI, G. Competitividade e redes na cadeia produtiva do vestuário na América do Norte. **Revista Latino-Americana de Estudos do Trabalho**, Rio de Janeiro, v. 4, n. 6, p. 101-127, 1998.

GOMES, A. L. Os conselhos de políticas e de direitos. In: CFESS – Conselho Federal de Serviço Social. ABEPSS – Associação Brasileira de Ensino e Pesquisa em Serviço Social (Org.). **Capacitação em serviço social e política social**: o trabalho do assistente social e as políticas sociais. Módulo 4. Brasília: NED/Cead, 2000.

GOMES, K.; LOPES, M. S. M. **Gestão social e serviço social**. Canoas: Ed. da Ulbra, 2010.

GONÇALVES, J. E. L.; DREYFUSS, C. **Reengenharia das empresas**: passando a limpo. São Paulo: Atlas, 1995.

GUERREIRO, M. P. **Análise dos gastos sociais brasileiros na perspectiva do Estado de bem-estar social**: 1988 a 2008. 159 f. Dissertação (Mestrado em Economia) – Universidade Federal Fluminense, Niterói, 2010. Disponível em: <http://www.proac.uff.br/cede/sites/default/files/

Dissertacao_02_Maria_Pandolfi_Guerreiro.pdf>. Acesso em: 31 maio 2017.

GRAMSCI, A. **Maquiavel**: a política e o Estado moderno. 3. ed. Rio de Janeiro: Civilização Brasileira, 1979.

GRANEMANN, S. Políticas sociais e serviço social. In: REZENDE, I.; CAVALCANTI. L. F. (Org.). **Serviço social e políticas sociais**. Rio de Janeiro: Ed. da UFRJ, 2006. p. 11-24. (Série Didáticos, v. 1).

HARVEY, D. **O neoliberalismo**: história e implicações. São Paulo: Loyola, 2008.

HERZBERG, F.; MAUSNER, B.; SNYDERMAN, B. B. **The Motivation to Work**. New York: John Wiley, 1959.

HÖFLING, E. de M. Estado e políticas (públicas) sociais. **Cadernos Cedes**, v. 21, n. 55, nov. 2001. Disponível em: <http://scielo.br/pdf/ccedes/v21n55/5539>. Acesso em: 31 maio 2017.

HOUAISS, A.; VILLAR, M. de S.; FRANCO, F. M. de M. **Dicionário Houaiss da língua portuguesa**. versão 1.0. Rio de Janeiro: Instituto Antônio Houaiss/Objetiva, 2001. 1 CD-ROM.

IAMAMOTO, M. V. **Os espaços sócio-ocupacionais do assistente social**. São Paulo: Unesp, 2009. Disponível em: <https://www.unifesp.br/campus/san7/images/servico-social/Texto_introdutorio_Marilda_Iamamoto.pdf>. Acesso em: 31 maio 2017.

_____. Projeto profissional, espaços ocupacionais e trabalho do assistente social na atualidade. In: CFESS – Conselho Federal de Serviço Social (Org.). **Atribuições privativas do(a) assistente social em questão**. Brasília, 2002. p. 33-72. Disponível em: <http://www.cfess.org.br/arquivos/atribuicoes2012-completo.pdf>. Acesso em: 31 maio 2017.

_____. O serviço social na contemporaneidade: dimensões históricas, teóricas e ético-políticas. **Debate (CRESS-CE)**, Fortaleza, v. 6, p. 5-62, 1997.

_____. **O serviço social na contemporaneidade**: trabalho e formação profissional. São Paulo: Cortez, 2003.

_____. **Serviço social em tempo de capital fetiche**: capital financeiro, trabalho e questão social. São Paulo: Cortez, 2007.

IANNI, O. **A sociedade global**. Rio de Janeiro: Civilização Brasileira, 1992.

_____. **A sociedade global**. 3. ed. Rio de Janeiro: Civilização Brasileira, 1995.

INSTITUTO IRIS. **O instituto**. Disponível em: <http://institutoiris.org.br/o-instituto/>. Acesso em: 31 maio 2017.

KAUCHAKJE, S. **Gestão pública de serviços sociais**. Curitiba: Ibpex, 2008.

KWASNICKA, E. L. **Introdução à administração**. São Paulo: Atlas, 1995.

LASSANCE JUNIOR, A. E. et al. **Tecnologia social**: uma estratégia para o desenvolvimento. Rio de Janeiro: Fundação Banco do Brasil, 2004.

LASSANCE JUNIOR, A. E.; PEDREIRA, J. S. Tecnologias sociais e políticas públicas. In: LASSANCE JUNIOR, A. E. et al. **Tecnologia social**: uma estratégia para o desenvolvimento. Rio de Janeiro: Fundação Banco do Brasil, 2004. p. 65-82.

LOUREIRO, B. R. de C.; RIBEIRO, D. C. Política social neoliberal: expressão da necessária relação Estado/capital em tempos de crise estrutural do capital. **Mediações: Revista de Ciências Sociais**, Londrina, v. 16, n. 1, 2011. Disponível em: <http://www.uel.br/revistas/uel/index.php/mediacoes/article/view/9661>. Acesso em: 31 maio 2017.

MACHADO, E. G.; LACERDA, L. L. **Poder local, democracia e participação**. Disponível em: <https://www.google.com.br/url?sa=t&rct=j&q=&esrc=s&source=web&cd=1&ved=0ahUKEwjFip_Nyr_PAhUJGZAKHcpBAdUQFgghMAA&url=http%3A%2F%2Fwww.sbsociologia.com.br%2Fportal%2Findex.php%3Foption%3Dcom_docman%26task%3Ddoc_download%26gid%3D754%26Itemid%3D171&usg=AFQjCNGjZzmzjpVshyIWnAKs1ivm-L2nAg&sig2=3PEi2eYHitsLGCSbvfm_uA&cad=rjt>. Acesso em: 31 maio 2017.

MARX, K.; ENGELS, F. **Manifesto do partido comunista**. São Paulo: M. Claret, 2003.

MASLOW, A. H. A Theory of Human Motivation. **Psychological Review**, Brooklyn, v. 50, n. 4, p. 370-396, 1943. Disponível em: <https://docs.google.com/file/d/0B-5-JeCa2Z7hNjZlNDNhOTE

tMWNkYi00YmFhLWI3YjUtMDEyMDJkZDExNWRm/edit>. Acesso em: 31 maio 2017.

MAXIMIANO, A. C. A. **Introdução à administração**. 2. ed. São Paulo: Atlas, 1987.

MEDEIROS, M. **A trajetória do Welfare State no Brasil**: papel redistributivo das políticas sociais dos anos 1930 aos anos 1990. Brasília: Ipea, 2001. Disponível em: <http://www.ipea.gov.br/portal/images/stories/PDFs/TDs/td_0852.pdf>. Acesso em: 31 maio 2017.

MEAD, L. M. Public Policy: Vision, Potential, Limits. **Policy Currents**, Tallahassee, v. 4, n. 1, p. 1-20, Feb. 1995. Disponível em: <https://higherlogicdownload.s3.amazonaws.com/APSANET/8cecdffe-5e63-45a8-9176-4574182cf42d/UploadedFiles/Vol.%205,%20No.%201.pdf>. Acesso em: 31 maio 2017.

MENDES, J. M. R.; PRATES, J. C.; AGUINSKY, B. (Org.). **Capacitação sobre PNAS e SUAS**: no caminho da implantação. Porto Alegre: Ed. da PUCRS, 2006.

MENEZES, M. T. C. G. **Em busca da teoria**: políticas de assistência pública. São Paulo: Cortez, 1993.

MONTAÑO, C. O serviço social frente ao neoliberalismo: mudanças na sua base de sustentação funcional-ocupacional. **Serviço Social e Sociedade**, São Paulo, v. 28, n. 53, p. 102-125, mar. 1997. Disponível em: <http://www.cpihts.com/PDF05/Carlos%20Montano.pdf>. Acesso em: 31 maio 2017.

MORAES, R. C. Reformas neoliberais e políticas públicas: hegemonia ideológica e redefinição das relações Estado-sociedade. **Educação e Sociedade**, Campinas, v. 23, n. 80, set. 2002. Disponível em: <http://www.scielo.br/scielo.php?script=sci_arttext&pid=S0101-73302002008000002>. Acesso em: 31 maio 2017.

MORRIS, D.; BRANDON, J. **Reengenharia**: reestruturando sua empresa. São Paulo: M. Books, 1994.

MOTA, A. E. Crise contemporânea e as transformações na produção capitalista. In: CFESS – Conselho Federal de Serviço Social. ABEPSS – Associação Brasileira de Ensino e Pesquisa em

Serviço Social. **Serviço social**: direitos sociais e competências profissionais. Brasília, 2009.

MOTA, A. E. Seguridade social. **Serviço Social e Sociedade**, São Paulo, v. 27, n. 50, p. 28-35, abr. 1996.

NASCIMENTO, E. R. **Gestão pública**. São Paulo: Saraiva, 2014.

NETTO, J. P. **Capitalismo monopolista e serviço social**. São Paulo: Cortez, 1992.

NOGUEIRA, M. A. **Um estado para a sociedade civil**: temas éticos e políticos da gestão democrática. São Paulo: Cortez, 2004.

NOGUEIRA, V. M. R. Estado de bem-estar social: origens e desenvolvimento. **Katálysis**, Florianópolis, n. 5, p. 89-103, jul./dez. 2001. Disponível em: <https://periodicos.ufsc.br/index.php/katalysis/article/view/5738/5260>. Acesso em: 31 maio 2017.

OFFE, C. **Problemas estruturais do estado capitalista**. Tradução de Bárbara Freitag. Rio de Janeiro: Tempo Brasileiro, 1984.

OLIVEIRA, D. de P. R. de. **Planejamento estratégico**: conceitos, metodologia, práticas. 24. ed. São Paulo: Atlas, 2007.

_____. **Teoria geral da administração**. São Paulo: Atlas, 2009.

OLIVEIRA, F. de. **A economia brasileira**: crítica à razão dualista. Petrópolis: Vozes, 1988.

PASINATO, M. T. de M. **Envelhecimento, ciclo de vida e mudanças socioeconômicas**: novos desafios para os sistemas de seguridade social. 225 f. Tese (Doutorado em Saúde Coletiva) – Universidade do Estado do Rio de Janeiro, Rio de Janeiro, 2009.

PEIXOTO, S. L. **Proteção da natureza e segurança pública**: integração de políticas públicas no Parque Nacional da Tijuca. 216 f. Dissertação (Mestrado em Psicossociologia de Comunidades e Ecologia Social) – Universidade Federal do Rio de Janeiro, Rio de Janeiro, 2010.

PEREIRA, J. D.; SILVA, S. S. de S.; PATRIOTA, L. M. Políticas sociais no contexto neoliberal: focalização e desmonte. **Qualitas Revista Eletrônica**, Campina Grande, v. 5, n. 3, 2006. Disponível em: <http://revista.uepb.edu.br/revista/index.php/qualitas/article/view/64/56>. Acesso em: 31 maio 2017.

PEREIRA, P. A. P. **Necessidades humanas**: subsídios à crítica dos mínimos sociais. São Paulo: Cortez, 2000.

_____. **Política social**: temas e questões. São Paulo: Cortez, 2009.

PETERS, B. G. **American Public Policy**. New Jersey: Chatham House, 1986.

PIRES, J. B. F. **Contabilidade pública**. Brasília: Franco e Fortes, 1998.

PIRES, R. R. C. **Orçamento participativo e planejamento municipal**: uma análise neoinstitucional a partir do caso da prefeitura de Belo Horizonte. 147 f. Monografia (Graduação em Administração) – Fundação João Pinheiro, Belo Horizonte, 2001. Disponível em: <http://www.democraciaejustica.org/cienciapolitica3/sites/default/files/orcameto_participativo_e_palejameto_muicipal_-_robertopires.pdf>. Acesso em: 31 maio 2017.

POLANYI, K. **A grande transformação**: as origens de nossa época. Tradução de Fanny Wrabel. 2. ed. Rio de Janeiro: Campus, 2000.

PONTE NETO, J. J. da. **Poder público local e cidadania**: atores políticos sociais na construção da democracia participativa no município de Fortaleza. 266 f. Tese (Doutorado em Direito) – Universidade Federal de Pernambuco, Recife, 2005. Disponível em: <http://repositorio.ufpe.br/bitstream/handle/123456789/3906/arquivo5161_1.pdf?sequence=1&isAllowed=y>. Acesso em: 31 maio 2017.

PRATES, J. C. Gestão como processo social e o processo de gestão da política de assistência social. In: MENDES, J. M. R.; PRATES, J. C.; AgUINSKY, B. (Org.). **Capacitação sobre PNAS e SUAS**: no caminho da implantação. Porto Alegre: Ed. da PUCRS, 2006. p. 38-61.

RAICHELIS, R. **Esfera pública e conselhos de assistência social**: caminhos da construção democrática. São Paulo: Cortez, 2008.

RAICHELIS, R. et al. **O sistema único de assistência social no Brasil**: uma realidade em movimento. São Paulo: Cortez, 2010.

REZENDE, I.; CAVALCANTI, L. F. **Serviço social e políticas sociais**. Rio de Janeiro: Ed. da UFRJ, 2006. (Série Didáticos, v. 1).

ROSANVALLON, P. **A crise do Estado-providência**. Lisboa: Editorial Inquérito, 1984.

_____. **A nova questão social**: repensando o Estado-providência. Petrópolis: Vozes, 1998.

SALES, M. A.; MATOS, M. C. de; LEAL, M. C. (Org.). **Política social, família e juventude**: uma questão de direitos. São Paulo: Cortez, 2004.

SANTOS, L. F. B. dos. **Evolução do pensamento administrativo**. Curitiba: Ibpex, 2008.

SANTOS, W. G. dos. **Cidadania e justiça**: a política social na ordem brasileira. Rio de Janeiro: Campus, 1979. (Contribuições em Ciências Sociais, v. 1).

SILVA, M. A. F. da. **Gerenciamento de projetos**: elaboração e análise. Curitiba: Ibpex, 2004.

SILVEIRA, S. **Administração e planejamento em serviço social II**. Canoas, 2003. Caderno universitário, n. 135.

SINGER, P. Economia solidária. **Estudos Avançados**, v. 22, n. 62, jan./abr. 2008. Entrevista. Disponível em: <http://www.scielo.br/scielo.php?script=sci_arttext&pid=S0103-40142008000100020&lng=pt&nrm=iso&tlng=pt>. Acesso em: 31 maio 2017.

_____. **O capitalismo**: sua evolução, sua lógica e sua dinâmica. São Paulo: Moderna, 1994.

SOUZA, C. Políticas públicas: uma revisão de literatura. **Sociologias**, Porto Alegre, v. 8, n. 16, p. 20-45, jul./dez. 2006. Disponível em: <http://www.scielo.br/pdf/soc/n16/a03n16>. Acesso em: 31 maio 2017.

TATAGIBA, L. Os conselhos gestores e a democratização das políticas públicas no Brasil. In: DAGNINO, E. (Org.). **Sociedade civil e espaços públicos no Brasil**. São Paulo: Paz e Terra, 2002. p. 47-103.

TEIXEIRA, E. **O local e o global**: limites e desafios da participação cidadã. 3. ed. São Paulo: Cortez, 2002.

TEIXEIRA, F. J. S. O neoliberalismo em debate. In: TEIXEIRA, F. J. S. (Org.). **Neoliberalismo e reestruturação produtiva**: as novas determinações do mundo do trabalho. 2. ed. São Paulo: Cortez, 1998. p. 195-252.

TEIXEIRA, S. M. F. Política social e democracia: reflexões sobre o legado da seguridade social. **Caderno de Saúde Pública**, Rio de Janeiro, v. 1, n. 4, p. 400-417, dez. 1985. Disponível em: <http://www.scielo.br/scielo.

php?script=sci_arttext&pid=S0102-311X1985000400002>. Acesso em: 31 maio 2017.

TENÓRIO, F. G. (Org.). **Cidadania e desenvolvimento local**. Ijuí: Ed. da Unijuí, 2007.

_____. **Gestão de ONGs**: principais funções gerenciais. 10. ed. Rio de Janeiro: Ed. da FGV, 2006.

_____. **Responsabilidade social empresarial**: teoria e prática. Rio de Janeiro: Ed. da FGV, 2004.

TENÓRIO, F. G. (Org.). (Re)visitando o conceito de gestão social. In: _____. **Desenvolvimento em questão**. Ijuí: Ed. da Unijuí, 2005. Disponível em: <https://www.revistas.unijui.edu.br/index.php/desenvolvimentoemquestao/article/viewFile/108/65>. Acesso em: 31 maio 2017.

TENÓRIO, F. G. et al. Critérios para a avaliação de processos decisórios participativos deliberativos na implementação de políticas públicas. In: ENCONTRO DE ADMINISTRAÇÃO PÚBLICA E GOVERNANÇA, 3., 2008, Salvador. **Anais**... Curitiba: Anpad, 2008. Disponível em: <http://www.anpad.org.br/admin/pdf/EnAPG569.pdf>. Acesso em: 31 maio 2017.

VIANNA, M. L. T. W. **A americanização (perversa) da seguridade social no Brasil**: estratégias de bem-estar e políticas públicas. Rio de Janeiro: Revan/Ucam/IUPERJ, 1998.

_____. A nova política social no Brasil: uma prática acima de qualquer suspeita teórica? **Praia Vermelha**, Rio de Janeiro, n. 18, p. 120-144, jan./jun. 2008.

Respostas

Capítulo 1

1. c
2. b
3. a
4. Podemos definir como *planejamento* o ato de pensar antecipadamente os passos necessários para se atender a determinadas questões e atingir objetivos previamente pensados – ou seja, é por meio do planejamento que a organização traça seus objetivos e define os recursos e meios necessários para atingi-los. Sua função, nesse sentido, é basicamente organizar novas metas e preparar a organização para o futuro.
5. As funções gerenciais do planejamento são: organizar, executar, dirigir e controlar. A organização serve para nortear as atividades desenvolvidas,

estabelecendo os fluxos e quem será responsável por sua execução. A direção tem por finalidade estimular as pessoas na realização das atividades, exercendo a responsabilidade que lhes foi imbuída, o que garante a execução das ações. Por sua vez, o controle é a ação de acompanhar, de forma comparativa, o estabelecido no planejamento com os resultados atingidos, a curto, médio ou longo prazo, com a intenção de correção ou qualificação das ações em desenvolvimento.

Capítulo 2

1. a

2. A responsabilidade social pode ser identificada como as obrigações que uma organização assume para proteger e melhorar o bem-estar da sociedade à medida que procura atingir seus próprios interesses. Em termos gerais, uma organização socialmente responsável tem de incorporar objetivos sociais no planejamento da empresa, utilizar normas comparativas de outras organizações em seus programas, apresentar relatórios demonstrativos a respeito da responsabilidade social e experimentar diferentes abordagens e retornos sociais em seus programas.

3. A qualidade total é a teoria responsável por levar o pensamento a toda organização, em todos os setores, em um movimento contínuo de melhoramento, para obter excelência na qualidade dos produtos e processos. Para isso, ela se baseia nos seguintes 10 mandamentos: satisfação do cliente – o cliente é a pessoa mais importante da organização; delegação – é preciso saber delegar competência; gerência – liderar não significa impor ou controlar; melhoria contínua – mudanças devem acontecer sempre que necessárias; desenvolvimento das pessoas – trata-se de um espaço de aperfeiçoamento; disseminação de informação – todos devem saber os objetivos, os planos e as metas; não aceitação de erro – a meta de desempenho é erro zero; constância de propósito – é preciso ter planejamento participativo para todos os objetivos e as metas; garantia de qualidade – planejamento, organização e sistematização de processos são essenciais; gerência de processos – é necessário promover eficiência e eficácia no resultado final por meio de conceitos de cadeia/fornecedor claros e precisos.

4. c

5. d

Capítulo 3

1. d

2. c

3. O planejamento é a congregação, na política, do detalhamento das ações que serão executadas, incluindo o plano de atividades, os recursos humanos, os recursos financeiros e o orçamento.

4. a

5. Orçamento participativo é o processo público de discussão da elaboração do orçamento, de caráter deliberativo, conduzido pelos representantes governamentais com a população. Em outras palavras, é como um exercício de participação real e efetiva da população, uma forma de alocar os recursos públicos de maneira eficiente e eficaz. Os principais passos para a elaboração de um orçamento participativo são: preparação e conexão com o planejamento, elaboração do orçamento, tramitação legislativa e discussão da proposta orçamentária, execução orçamentária e fiscalização de contas.

Capítulo 4

1. As tecnologias sociais formam um conjunto de ações, produtos, técnicas ou metodologias reaplicáveis, desenvolvidas na interação com a comunidade. Além de representarem soluções efetivas de transformação social, elas têm o objetivo de gerar conhecimento de forma coletiva, o que implica a participação ativa de uma série de atores, entre os quais o Estado, a comunidade e os movimentos sociais são os mais importantes.

2. Resposta pessoal.
3. c
4. d
5. a

Capítulo 5

1. Resposta pessoal.
2. a
3. *Welfare State* é uma expressão inglesa da década de 1940 que designa o Estado de bem-estar social. Segundo Granemann (2006), sua formação realizava uma intervenção na economia ao direcionar os investimentos, estimular a produção, efetivar obras públicas e controlar os níveis de emprego para que fossem os mais altos possíveis, levando em consideração o modelo de produção capitalista. Além disso, o Estado de bem-estar social promovia políticas sociais de proteção ao trabalho, como saúde, previdência, habitação, educação etc.
4. Não. No que tange à premissa da terceirização de serviços públicos, importa o fato de que o Estado não precisa ser o único provedor das políticas sociais. Nesse sentido, a incorporação pela esfera privada e sua dinâmica de concorrência deslocariam a gestão de um Estado ineficaz para um setor privado dinâmico e em expansão.
5. c
6. a

Capítulo 6

1. Resposta pessoal.
2. c
3. a
4. O poder local é a composição de forças, ações e expressões organizativas no nível da comunidade, do município ou da microrregião. Essas forças contribuem para satisfazer as necessidades, os interesses e as aspirações da população local, a fim de melhorar suas condições de vida.
5. Sociedade civil é toda a forma de organização política e ideológica de grupos que não pertencem à esfera do Estado ou do mercado. É um terreno de organismos coletivos, como associações, sindicatos, grupos culturais, de comunicação social, entre outros. A participação cidadã, por sua vez, prima pela participação objetiva direta ou semidireta do povo na condução da função do Estado, seja por meio da denúncia de irregularidades ou do abuso do poder, mediante a participação em conselhos deliberativos e de controle social, seja pela reclamação sobre a transparência na prestação de contas dos gastos públicos.

Sobre a autora

Kelinês Gomes é graduada em Serviço Social (1991) pela Pontifícia Universidade Católica do Rio Grande do Sul (PUC-RS), mestre (2002) e doutora (2006) em Serviço Social, ambos pela mesma instituição. Atualmente, é pós-doutoranda no Programa de Pós-Graduação de Serviço Social da Escola de Humanidades, também da PUC-RS.
Durante oito anos, foi professora do curso de Serviço Social presencial e a distância (EaD) da Universidade Luterana do Brasil (Ulbra), onde também foi responsável pela escrita de livros que serviram de subsídio para as aulas na modalidade EaD e, posteriormente, compuseram as aulas do ensino presencial.
Foi também pesquisadora da Organização das Nações Unidas para a Educação, a Ciência e a Cultura (Unesco) e participou das pesquisas *Escola e práticas raciais* e *Escola de saúde pública*. Ainda pela Unesco, foi preceptora da residência integrada em saúde coletiva e mental.

Na área acadêmica, contribuiu com a tarefa de preceptoria em Residência Multiprofissional em Saúde e desenvolveu ações em diversos hospitais, como o Hospital Materno Infantil Presidente Vargas e Hospital da Criança Santo Antônio, ambos situados no município de Porto Alegre.

Atuou em ONGs e em empresas privadas, além de compor o Comitê de Direitos da Criança e do Adolescente, na defesa dos direitos sociais e na ruptura das situações de violência no âmbito da criança.

É consultora na área da assistência social e colaboradora de diversas prefeituras na capacitação dos profissionais da área, com vistas à concretização da política de forma mais qualificada. Tem, ainda, experiência profissional em áreas que abrangem a assistência social e a saúde.

Sua produção literária engloba as áreas de gestão social, competências teórico-metodológicas do serviço social e estratégias metodológicas em serviços sociais, além de artigos em diversas áreas de atuação.

Os papéis utilizados neste livro, certificados por instituições ambientais competentes, são recicláveis, provenientes de fontes renováveis e, portanto, um meio sustentável e natural de informação e conhecimento.

MISTO
Papel produzido a partir de fontes responsáveis
FSC® C114026

Impressão: Optagraf

Abril/2022